Reihe
Fischer

SFV

Rudolf Hartung

Kritische Dialoge

S. Fischer

Lektorat: Hans-Jürgen Schmitt

Originalausgabe

Gesamtherstellung Georg Wagner, Nördlingen
Printed in Germany 1973
ISBN 3 10 028801 7

Inhalt

Das prekäre Gleichgewicht
André Gide »Tagebuch 1939–1949«

»Gide, von dessen Werk und Erscheinung kaum noch Impulse ausgehen, die uns erreichen«, schrieb Walter Heist in einer kritischen Studie über diesen Schriftsteller. Freilich hieß es in diesem bemerkenswerten Aufsatz auch, André Gide erreiche uns »als das Beispiel, als das er sich schuf«.

Vieles spricht für die Richtigkeit dieser Feststellung. Das Werk und die Lebensanschauung André Gides haben ihre Wirkung getan: Die Befreiung von überkommenen Fesseln, die er einst für viele bedeutet hat, gehört der Geschichte an; heute haben wir fast schon Mühe, diese Wirkung zu verstehen. Wobei es übrigens einer gründlichen Untersuchung bedürfte, ob André Gides Einfluß in Deutschland jemals annähernd dem in Frankreich entsprach. Was er dort auslöste, konnte bei uns Nietzsche leisten, und er hat dies getan – Nietzsche, der auch für Gide ein Befreier war, ebenso wie Goethe. Auch konnte Gides lange Auseinandersetzung mit dem Glauben und den Gläubigen in Deutschland nicht auf das gleiche Interesse stoßen wie in Frankreich, wo der Dialog von Glauben und Unglauben immer aktuell geblieben war und für Gide durch die Konversion mehrerer Freunde neue Aktualität gewonnen hatte.

Damit ist nichts gegen den Dichter funkelnder Meisterwerke wie »Paludes« und »Theseus« gesagt, obschon häufig behauptet wird, es sei das Journal die bedeutendste literarische Hinterlassenschaft André Gides. Eine Behauptung, die sich an Hand des abschließenden Bandes »Tagebuch 1939–1949« überprüfen läßt. Erreicht, um nochmals Walter Heist zu zitieren, André Gide uns in diesem Tagebuch als das Beispiel, als das er sich schuf: als der große Nonkonformist, der nicht wie Proust die Nervösen, sondern die Rebellen als das Salz der Erde gerühmt hat?

André Gide ist 70 Jahre alt, als der Krieg ausbricht; er befindet sich in Südfrankreich bei Freunden. Selbstverständlich reagiert der für alle Einwirkungen empfängliche Schriftsteller auch auf den Krieg, die Niederlage Frankreichs, den Vormarsch der Alliierten, den er später in Tu-

nis und Algier erlebt. Gide ist kein Bewohner des Elfenbeinturms; was er nach dem Krieg in sein Journal schreibt, war für ihn wohl immer wahr: »Es gibt viele Dinge, die ich viel interessanter finde als mich.« Freilich ist André Gide auch kein Parteigänger, wenn man darunter, wie er selbst dies tat, einen Menschen versteht, der sich ganz zu einer Sache bekennt und blind ist für das partielle Recht des Gegners. »Nicht ungestraft hat sich mein Geist zeitlebens darin geübt, den *andern* zu verstehen. Heute gelingt mir das so gut, daß der ›Standpunkt‹, auf dem ich mich am schwersten behaupten kann, mein eigener ist.«
Eine sympathische, auch eine gefährliche Eigenschaft. So überrascht es nicht sehr, daß Gide nach der Niederlage über die Vielfältigkeit der Einfälle Hitlers staunt und sich Gedanken darüber macht, daß die Fehler des deutschen Volkes immerhin zu jenen gehören, die Siege begünstigen. Eine erste Rede Pétains findet er sogar bewunderungswürdig. Aber die – für Gide so charakteristische – Unsicherheit dauert in diesem Falle nicht lange. Eine weitere Rede Pétains bestürzt ihn, er distanziert sich von Vichy, auch von der *Nouvelle Revue Française,* welche von Kollaborateuren übernommen worden ist. Später in Nordafrika, wohin er 1942 gegangen ist, nimmt er an den Siegen der Alliierten lebhaften Anteil, was sich schon darin dokumentiert, daß er bis zur Befreiung von Tunis fast täglich Tagebuch führt (ansonsten gibt es lange Pausen, oft monatelang). Interessant die Eintragung über ein Abendessen mit de Gaulle im Januar 43 in Algier; Gide ist vom General beeindruckt und notiert: »Er ist sicherlich zu einer großen Rolle berufen und scheint ihr gewachsen.«
Aufschlußreich sind auch diese Notizen über Krieg und Politik – aufschlußreich in erster Linie im Hinblick auf Gide selber. Der Leser sieht sein Schwanken, gleichsam das Vibrieren der Waagschalen, aber großer Scharfsinn auf politischem Felde ist Gides Stärke nicht. Subtil sind Einzelbeobachtungen, so, wenn er etwa über deutsche Filme, die er eifrig sieht, schreibt, sie »scheinen sich an ein Publikum zu wenden, das, um zu verstehen, es nötig hat, daß man ihm die Gefühle vorbuchstabiert, und das nur Großgeschriebenes lesen kann«.
Zu Gides »innerer Politik« gehört es, daß er sich zumal in den ersten Kriegsjahren intensiv mit deutscher Literatur beschäftigt. Er liest Goethe, Schiller, Lessing, Kleist, Grimmelshausen, er lernt wie ein Schüler Vokabeln – die

Freude am Lernen, auch am Auswendiglernen von Gedichten oder von Fabeln La Fontaines, die er sich dann beim Spazierengehen aufsagt, verläßt ihn bis ins hohe Alter nicht. Dieses unablässige Lernen, Lesen und Wiederlesen macht André Gide zu einem der großen Bewahrer der Tradition europäischen Geistes. Von Lukrez und Vergil bis herauf zur Gegenwart reicht die Lektüre; schöne Funde, Zitate und Hinweise bereichern das Journal. Manches Urteil wird im Gedächtnis bleiben (jedenfalls wünschte man sich das): eine böse Kritik an Montherlant – »durch den Purpur hindurch sehe ich immerzu einen Angsthasen, der sich in der Fensterscheibe beobachtet« –, eine Anmerkung zu Sartres Schrift über den Antisemitismus, ein schöner Satz über erbauliche Bücher nach der Lektüre von »Hermann und Dorothea«.

Bedeutender, ja aufregender als die einzelne Notiz zu Büchern oder Ereignissen ist freilich das Phänomen im ganzen: die durchgehaltene Passion für Literatur, die enorme Aufnahmefähigkeit, die nur selten erlahmende geistige Wachheit. Nicht unwichtig die Bemerkung Gides, daß, wie er glaube, unsere Epoche die Originalität überschätze. Wahrscheinlich war Gide kraft seiner Veranlagung so weit dem ›Normalen‹ entfremdet, daß für ihn die Gewinnung von Maß und Mitte oft Abenteuer genug war und er nicht um jeden Preis das Extreme lieben mußte. Aber wie auch immer – ganz zu übersehen ist nicht, daß viele Eintragungen dieses Journals sich durch einen gewissen Mangel an Originalität auszeichnen, und mit fast schmerzlicher Überraschung stellen wir fest, daß uns heute die Lektüre des Tagebuchs etwas enttäuscht, zumindest dieses letzten Bandes.

Natürlich hängt dies auch mit dem hohen Lebensalter des Diaristen zusammen. Die großen Auseinandersetzungen mit dem Christentum, später mit dem Kommunismus gehören bereits der Vergangenheit an, nur gelegentlich zuckt noch ein Blitz über den Horizont: »Der Glaube versetzt Berge, jawohl: Berge von Unsinn.« Befestigt ist seit langem die Überzeugung, daß Gott »im Kommen« ist, daß er »von uns abhängt«. Eine Hoffnung, die André Gide sehr gemäß ist; in diesem Tagebuch gesteht er einmal, daß er sich selber nur als Handelnder gefalle und daß das Ausruhen in der Betrachtung seine Sache nicht sei.

Zu bewundern ist die Aufrichtigkeit dieses Tagebuchs. Es ist die Aufrichtigkeit eines Menschen, der es von Hause aus schwer hat, aufrichtig zu sein, weil er nicht, wie andere, fixierte Meinungen hat, sondern ständig unruhig, unablässig auf der Suche ist. Im Grunde geht es wesentlich darum, ein immer prekäres Gleichgewicht zu gewinnen bzw. zu erhalten. Verständlich unter diesem Gesichtspunkt die Tendenz zum natürlichen Ausdruck, der ja für eine unsichere, darf man sagen: für eine komödiantische Natur nichts Selbstverständliches ist, sondern Ergebnis eines aufregenden inneren Abenteuers, das für den Betreffenden manchmal interessanter ist als für den Betrachter.

Wirklich interessant und ersten Ranges sind in diesem Tagebuch-Band viele psychologische Einsichten und Aperçus ebenso wie Notationen des gelebten Lebens: über das Glück, zumal das sinnliche, das für Gide, in dieser Hinsicht ganz Romane, immer viel bedeutet; über einen Jungen, der mit seiner vollkommenen Selbstsucht den Moralisten herausfordert; über die wechselnden Stimmungen und Zuständlichkeiten oder die Beschwerden des Ruhms. Ungemein bewegend sind jene Eintragungen, die dem Alter, der Erwartung des Todes, der fortschreitenden Müdigkeit und der immer wieder erwachenden Lebenszuversicht gelten. »An gewissen Tagen scheint mir, als schriebe ich, hätte ich nur eine gute Feder, gute Tinte und gutes Papier bei der Hand, ohne Mühe ein Meisterwerk.« Die vorletzte Eintragung des achtzigjährigen André Gide, der sechs Jahrzehnte lang Tagebuch geführt hat.

Wenig Lob verdient die deutsche Ausgabe dieses vierten Bandes des Journals, von dem ein kleiner Teil, die Jahre 1939–1942 umfassend, bereits einmal nach dem Kriege erschienen ist. Vor allem die Übersetzung dieses früheren Teils ist streckenweise unzulänglich, aber auch in dem neu Hinzugekommenen finden sich Fehler und Ungenauigkeiten. Der Leser stutzt bei der mehrfach auftauchenden »Nierenkrise« und ist überrascht, von einer »Manie des Rauchens« zu lesen. Auch warfen Kritiker des Rußlandbuches Gide nicht vor, daß seine Beobachtungen »ungünstig« gewesen seien, sondern daß der Zeitpunkt der Veröffentlichung *inopportun* war. Im ganzen wirkt die Übersetzung ungelenk: Jemand, der so sich ausdrückte, wie es diese deutsche Ausgabe tut, hätte nie die subtilen Gedanken dieses Diaristen gehabt. [1968]

Mit niemandem solidarisch

Henry de Montherlant »Geh, spiel mit diesem Staub. Tagebücher 1958–1964«

Daß der zweite Band der Tagebücher Montherlants den Titel »Geh, spiel mit diesem Staub« (Tagebücher 1958 bis 1964) hat, hält man zunächst für eine Erfindung des deutschen Verlegers. Aber das ist ein Irrtum. Der deutsche Titel entspricht recht genau dem französischen »Va jouer avec cette poussière«; in einer Vorbemerkung erklärt Montherlant, wie es dazu kam: Ein ihm Unbekannter habe ihm diese Wendung geschrieben, weil er meinte, daß sie die Haltung des Autors dem Leben gegenüber trefflich charakterisiere. Montherlant fand das auch und setzte den befremdlichen, eher unsympathischen Ausdruck über den zweiten Band seiner »Carnets«.
Irreführend hingegen ist die Übersetzung des Wortes »Carnets« mit »Tagebücher«: Es handelt sich um Notizhefte, nicht um ein echtes Journal wie etwa das von Gide oder Léautaud, in dem das Leben mit seinen Erfahrungen und Reflexionen festgehalten wird. Die Grenzen sind allerdings fließend; auch im Journal Gides findet sich Aphoristisches, Sentenzenhaftes, auch Montherlant trägt in seine Notizhefte gelegentlich persönliche Erlebnisse ein. Im ganzen aber dominiert bei ihm der Gedanke: Reflexionen von der Art der französischen Moralisten, ausgefeilte Sentenzen, Anmerkungen zu eigenen Werken, vor allem zu dem Roman »Das Chaos und die Nacht«. Tagesereignisse werden kaum je kommentiert, was übrigens nicht weiter erstaunt, wenn man sich an den Ausspruch Montherlants aus dem ersten Tagebuch-Band erinnert: »Ich bin mit niemand und nichts solidarisch.« Daß Montherlant, wie er in dem vorliegenden Band mehrmals mit einiger Koketterie erwähnt, angeblich keine Zeitungen liest, paßt ins Bild: dieser Schriftsteller will nicht Zeitgenosse einer Welt sein, die er verachtet.
»Ein sehr intelligenter, aber gefährlicher Bursche« – mit diesen Worten hat man seinerzeit den jungen Montherlant charakterisiert, als er in einem katholischen Internat erzogen wurde. Was die ›Gefährlichkeit‹ angeht: Mit Stolz erinnert sich Montherlant an sein Leben unter Männern, an sein Auftreten in der Stierkampfarena, an den Krieg,

an die Zeit, da er Sport ausübte und ihn literarisch verherrlichte. Extrem und darum riskant aber ist die Position dieses Mannes überhaupt: sein resolutes Einzelgängertum, seine Unabhängigkeit von herrschenden Meinungen, seine Verachtung der Masse, die er etwa mit den Worten bezeugt: »Mehr als je sind wir darauf verwiesen, die wenigen Menschen, die wir lieben, zu bewahren und, abseits mit ihnen stehend, den Dolch in der Hand, auf das trunkene Volk der Heloten zu sehen, das wimmelt und sich windet ...«

Das elitäre Bewußtsein, zu dem Montherlant stets tendiert, sein Bekenntnis zum heroischen Leben und sein ausgeprägter Sinn für Herrschaft geben der Physiognomie dieses Schriftstellers faschistoide Züge, und diese Feststellung muß erlaubt sein, auch wenn Montherlant faktisch nie als Faschist gehandelt hat. Einen substantiellen Faschisten – falls es so etwas überhaupt gibt – dürfte man ihn indessen kaum nennen. Was Montherlant auszeichnet, ist seine Passion und seine Begabung für Rollen und für Spiel insgesamt. Eine Passion, die er rational zu erklären sucht, wenn er schreibt: »Wenn die Welt keinerlei Sinn hat, was ich für evident halte, kommt als die einzige vernünftige Wahl nur in Frage, ihr gegenüber die verschiedenartigsten Haltungen einzunehmen.« In diesem Sinne darf man die »Gefährlichkeit« des »Burschen« und später des Schriftstellers Montherlant auch als Rollencharakter verstehen – ein Charakter, der ihm liegt und den er kultiviert. »Es steckt Paraderitt ... darin; es riecht nach Rassepferd, nach ›sich aufbäumendem Hengst‹; ebenso aber nach Zirkus, nach Gauklerbude, nach dem staunenden Blick des Publikums, den er unausgesetzt herausfordert.« Eine Bemerkung von André Gide 1927, nachdem er ein frühes Werk von Montherlant gelesen hatte.

Die beständigste und ergiebigste Rolle Montherlants ist die des Schriftstellers. Hier, zumal im Schreiben von Romanen, verbinden sich Abenteuer und Spiel und was er eingestandenermaßen am höchsten schätzt: die Herrschaft, die freie Verfügung in einem selbst geschaffenen Kosmos, dessen Figuren seine Geschöpfe sind. Im Kosmos eines Romanes ist er ganz Herr, ja fast schon ein Gott – eine Rolle, die dem intimen Kenner der römischen Antike vertraut ist. Eine diesbezügliche Stelle, bei deren Lektüre man schon erschaudert, findet sich in dem frühen Werk »Le Songe«, das Tagebuch zitiert sie: »So habe ich gelebt, mir der Eitelkeit der Dinge bewußt, aber so handelnd, als ließe ich mich von ihnen täuschen, und habe spielend den Menschen dargestellt, um nicht als Gott verworfen zu werden.« An einer anderen Stelle spricht er im Tagebuch davon, daß er von Jugend auf ein Gefühl von Unverwundbarkeit gehabt und daß ihn dieses Gefühl zu vielen außergewöhnlichen Dingen getrieben habe ...

Daß Montherlant ein großer Schriftsteller ist, bezeugen nicht alle, aber viele Seiten dieser Tagebücher. Gewiß gibt es relativ banale Reflexionen, ärgerliche auch wie jene, in denen der Poseur Montherlant sich Geltung verschafft. Aber nicht wenige Aphorismen und Aperçus sind solchen der großen französischen Moralisten ebenbürtig. Zur Erkenntnis befähigt ihn sein Verlangen nach Klarheit und Bewußtheit – »Alles was klar ist, ist wahr«, notiert er einmal –, seine Absonderung von der Menge, sein hochentwickelter Sinn für die menschliche Dummheit und selbst seine Arroganz, der manchmal ein Gran Verrücktheit beigegeben ist. Gegenstand seiner Erkenntnis ist fast ausschließlich der Mensch – er habe, so bekennt er, immer nur psychologische Romane und Theaterstücke geschrieben; er sei ein Schriftsteller des 19. Jahrhunderts, wie er mit Stolz vermerkt.

Von der Tagespolitik ist kaum, und wenn, dann voll Verachtung die Rede. Ihn wundert, daß man sich so darüber aufrege, daß eine Atombombe die Erde vernichten könne – die Erde werde auf jeden Fall aufhören zu existieren, wenn er, Montherlant, zu existieren aufhöre. (Schon im ersten Tagebuchband, zur Zeit des Zweiten Weltkrieges, zeigte er sich am Ausgang des Krieges ziemlich uninteressiert: er wisse, daß das Heil nur in ihm selber ruhe.) Als Stoiker denkt er über den Selbstmord nach, den er nicht mißbilligt; als Hedonist verherrlicht er das Glück, das für ihn wesentlich sinnliches Glück ist, Wollust. Der Geschlechtsakt ist für ihn ein Letztes, Unangreifbares; um seinetwillen ist er den Frauen dankbar, zu deren Verachtung er neigt, wie wir zumal aus seinem Romanwerk »Erbarmen mit den Frauen« wissen. Ob er im übrigen mit sich selber, worauf er verdächtig oft hinweist, immer im Einklang gewesen sei – es ist die einzige Solidarität, die er kennt –, muß wohl offen bleiben. Schwer vorstellbar, daß ein Psychologe von Rang ein mit sich jederzeit einiger Mensch sein soll.

Schwer vorstellbar, aber nicht unmöglich: Montherlant gehört einer ›Rasse‹ an, die nicht leicht zu verstehen ist – ein Franzose, der sich immer zu den Rändern Europas hingezogen fühlte, zu Spanien, Nordafrika, wo er Jahre seines Lebens verbracht hat; ein ganz und gar unromantischer Mensch, der die strenge Klarheit des Denkens und das Dunkel der Wollust liebt; in mancher Hinsicht wirklich ein Mann der römischen Antike, der, obschon katholisch erzogen, in einer Welt vor dem Christentum und dessen Gebot der Nächstenliebe lebt. Daß er auch mit dem Sozialismus kaum etwas im Sinn hat, ist ohne weiteres anzunehmen. Aufschlußreich etwa, mit wieviel Zustimmung er aus einem Buch über Spanien die Antwort eines spanischen Bauern notiert, der auf die Frage, für wieviel er seine Oliven verkaufe, erwiderte: »Ich nehme, was man mir gibt.« Ein Wort nach dem Herzen Montherlants – er zitiert es gleich zweimal.

Mit André Gide teilt Montherlant die Unbeständigkeit der Anschauungen und den Sinn für Rollen, die man, bewußt oder unbewußt, übernimmt. Aber während Gide eher ein Spielball seiner Nerven, seiner Sensibilität, seiner Geschmackswandlungen ist, spielt Montherlant seine Rollen mit einem in die Augen springenden Aufwand an Energie. Auch ist er ein Spieler, der sich selber seine Einsätze gibt und, bei aller scheinbaren Unbekümmertheit, die Wirkung seines Spiels genau berechnet. Eine Eigenschaft, die er auch zu einem Vehikel der Erkenntnis macht – wenn er z. B. zwar nicht von sich, aber von anderen schreibt: »Die Menschen, die gläubig sind, tun allerlei, um den Menschen, die nicht gläubig sind, ein Schauspiel zu geben.«

Zur Erkenntnis dieses manchmal abstoßenden, oft faszinierenden Menschen und Schriftstellers Montherlant trägt der Tagebuchband mit dem hochmütigen Titel »Geh, spiel mit diesem Staub« viel bei. [1968]

Ein Leben ohne Illusionen
Paul Léautaud »Literarisches Tagebuch 1893–1956«

Von dem Schriftsteller Paul Léautaud heißt es in den »Strahlungen« Ernst Jüngers, in einer Eintragung vom 4. Mai 1944: »Was mich an ihm vor allem anzieht, das ist der Anblick eines Menschen, der durchaus und auf klare Weise weiß, was er will, und das ist heute viel rarer, als man denkt.« Erschienen sei er damals, schreibt Jünger, »in einem Anzug nach der Mode von 1910 . . ., mit einem langen, schmalen Schlips, der wie ein Schnürsenkel zu einer Schleife gebunden war«.
In Deutschland ist der solchermaßen von Ernst Jünger Beschriebene bis heute nahezu unbekannt geblieben; keines seiner Werke lag in einer deutschen Übertragung vor. Dem wurde durch die von Hanns Grössel vortrefflich übersetzte und gescheit eingeleitete Auswahl aus Léautauds 19 Bände umfassendem ›Journal littéraire‹ abgeholfen. Beigegeben ist diesem Auswahlband eine Photographie des alten Autors von Cartier-Bresson: ein verbeulter Strohhut über einem Greisenantlitz, das skeptisch, auch mit lüsterner Neugierde in die Welt schaut. Vielleicht nicht eigentlich »schaut«: dieser Schriftsteller, die Züge lassen das erraten, war nicht zum Sehen bestellt. Es ist geistige Wachheit, die dieses Greisenantlitz prägt. Dem entspricht es, daß die bildende Kunst – wie so vieles andere! – für Léautaud fast ohne Bedeutung war. Als er nach 30 Jahren zum ersten Male wieder im Musée de Luxembourg war, konnte er nur die schiere Häßlichkeit der modernen Kunst konstatieren; nicht einmal der Bildhauer Maillol fand Gnade vor seinen Augen. Was im übrigen erstaunt: Léautaud hat zwar die Frauen, deren Wesen und Intelligenz, recht wenig geschätzt, sehr hingegen die Körper und die sinnliche Lust.
Was hat er in seinem 84 Jahre währenden Leben wirklich geliebt, und warum ist sein Tagebuch ein Dokument ersten Ranges? Sein Leben war arm und eingeschränkt, von der Welt hat er die Bretagne und die Normandie gesehen, ansonsten nur Paris, wo er 1872 als Sohn eines mittelmäßigen Schauspielers geboren wurde, der später in den Souffleurkasten wanderte. Die Eltern trennten sich früh,

die Jugend war dürftig: Paul Léautaud war Lehrling, Anwaltsgehilfe, Angestellter; im Jahre 1908 bekam er eine bescheidene Stelle beim *Mercure de France*, wo er die Post verteilte, Korrekturen las, sich um den Versand der Rezensionsexemplare kümmerte. Ein winziges Bürozimmer, später südlich von Paris ein kleines gemietetes Häuschen, wo er mit seinen unzähligen geliebten Hunden und Katzen lebte und wo er am Abend schrieb –: von größeren Herrlichkeiten und Sensationen ist nicht zu berichten.

Man könnte sagen – ganz falsch wäre es nicht –, Léautauds Journal sei interessant, weil es Begegnungen mit interessanten Schriftstellern festhalte. So weit reicht dieses Leben zurück, daß der Zweiundzwanzigjährige noch Verlaine, als er ihn im Café erspähte, durch einen Boten ein Veilchensträußchen überbringen lassen konnte. Später machte er die Bekanntschaft von Paul Valéry, André Gide, Apollinaire, Marcel Jouhandeau und vielen anderen. Was er über sie notiert, ist oft gescheit, fast immer sehr subjektiv und originell, kaum je respektvoll – Heldenverehrung war seine Sache ganz und gar nicht. Er hatte es abgesehen auf Geringfügiges, Triviales – daß er etwa bei einem Telephongespräch mit Valéry ganz deutlich den Eindruck hatte, der Dichter der »Jungen Parze« trage nun ein Gebiß, oder daß die Schrift André Gides sich durch sehr stark abfallende Zeilen auszeichne. Das genau erfaßte Detail hatte für ihn seine eigene Würde, war wert, festgehalten zu werden.

Er war kein großer Leser wie etwa André Gide. Als junger, Verse schreibender Mann nannte er Mallarmé seinen Lehrmeister; Goethes Wort »Gefühl ist alles« hat ihn einmal begeistert. Aber je älter er wurde, desto skeptischer wurde sein Verhältnis zur Literatur als Kunst. »Verse sind entschieden etwas Kindisches«, heißt es bereits 1927. Mit spürbarer Freude hält er fest, was alles er nicht gelesen habe: nichts von Proust, keine Zeile von Bernanos, nichts von Camus oder der jungen Literatur nach 1945. Aber er war empfänglich für die zarte Anmut einer Widmung, mit der ihm ein Bekannter seinen neuen Roman zuschickte: »Paul Léautaud widme ich diese leere Seite, die einzige, die er lesen wird . . .« Was er selber liebte und schreibend praktizierte, war Ungezwungenheit: »Meiner Meinung nach muß man ganz schlicht schreiben; alles läßt sich mit den gängigen Wörtern ausdrücken.« Unter diesem

Gesichtspunkt erschien ihm später Mallarmé zu gebosselt und gequält, verglich er Valérys Lyrik mit einem »gut geschliffenen leeren Kristallglas«, tadelte er Flaubert, weil bei ihm die Form zu sehr vorherrsche und seine Werke unlebendig mache.

Urteile solcher Art und Strenge stehen natürlich nicht jedermann zu. Sie sind auch nicht einfach wahr oder falsch – es sind die Urteile und Wahrheiten Paul Léautauds, Ausdruck seiner Einstellung zur Literatur, zum Leben. »Eines der großen Verdienste Prousts besteht, glaube ich, darin, daß er zum Schreiben anregt. Nur echte Schriftsteller von einem gewissen Rang vermitteln diese Anregung.« In diesem Sinne regt auch Paul Léautaud an. Vielleicht nicht einmal so sehr zum Schreiben, sondern zum eigenen Sehen und Erkennen; aus diesem Grunde ist sein Journal sehr lebendig, provozierend, zuweilen auch schockierend.

Paul Léautaud war ein eigensinniger Mensch, ein scharf ausgeprägter, auch galliger Charakter, mit deutlichen Zügen des Sonderlings. Seine Unabhängigkeit ging ihm über alles; als Jacques Rivière ihm drei Seiten aus seinem Theaterbericht für die *NRF* strich, weil er darin einen Mitarbeiter der *NRF*, Jules Romain, hart kritisiert hatte, kündigte er sofort seine Mitarbeit auf. Zeitlebens hat er es verschmäht, sich der herrschenden Meinung, den Urteilen und den Dummheiten der Zeit anzupassen. Oder vielmehr: er hat die Anpassung nicht verschmäht, sondern er war von Anfang an gegen sie gefeit. Eine sehr französische Skepsis gegen jede Obrigkeit und Autorität war ihm angeboren; Nationalgefühl kannte er nicht, und der Verdummung durch die beiden Weltkriege zollte er keinen Tribut. Als Paris 1944 befreit wurde – Léautaud hatte die Stadt nicht verlassen –, notierte er: »Dieser Fetischismus mit der Fahne? Wie kann man nur ein Stück Stoff verehren. Für mich genauso abwegig wie die Leute, die vor einer religiösen Statue niederknien.«

Allerdings bedeutet ein solches Gefeitsein gegen kommune Verführungen und alles Symbolische auch eine gewisse Verarmung. Der fast schmerzlich scharfe Umriß der geistigen Physiognomie Léautauds rührt davon her, daß er viele Romantizismen und extreme Positionen der Moderne überhaupt nicht gekannt hat, daß er im Grunde einem anderen Jahrhundert, dem achtzehnten, angehört. Das Sonderlingshafte, Schrullige seiner Erscheinung ist der Tribut, den er für sein Unzeitgemäßes zu entrichten hatte.

Mit zunehmenden Jahren wurden ihm Aufschwünge, Phantasie, das Reich des Traums und die Kunst mit ihrem Scheincharakter immer verdächtiger, auch wenn er im Hinblick auf sie das Wort Lüge nur selten bemühte. Bestand hatte am Ende nur das Faktische, unter Verzicht auf jede Rangordnung: die Eintragung, daß die Literatur Dostojewskis »pathologisch« sei oder er mit Vergnügen Saint-Simone lese, ist nicht wichtiger und nicht unwichtiger, als wenn der greise Chronist Inventur macht und festhält, wie viele Zähne er noch habe und wie es mit seiner männlichen Potenz bestellt sei.
So war dieser Schriftsteller mit seinen raren Vorzügen und seinen Mankos zum unbestechlichen, erbarmungslosen Diaristen wie geschaffen. Für das Journal war nichts zu erfinden, war kein Pegasus feierlich zu schirren – Léautaud war allergisch gegen alles Rhetorische, das sich in die Literatur nur allzu leicht einschleicht. »Ich zeichne täglich auf, was ich gesehen, gehört, erfahren, beobachtet habe«: Dieses Tägliche war Literaturklatsch und waren Begegnungen, waren seine Beziehungen zu Frauen – von Sexuellem spricht er mit französischem Freimut –, war seine Sorge um die Tiere zu Hause und in den Straßen von Paris, waren gelegentliche Obszönitäten und scharfsinnig-bissige Anmerkungen zur Literatur, zur Welt von Paris. Er lebte und ertrug sein illusionsloses Leben, um es in den knappen Sätzen seines Journals festzuhalten.
Früh schon erkannte er, daß dieses über ein halbes Jahrhundert geführte *Journal littéraire* sein Hauptwerk, seine bedeutendste literarische Hinterlassenschaft sein würde. (Die beiden ersten Bände erschienen in Frankreich gerade noch zu seinen Lebzeiten, der neunzehnte kam 1966 heraus.) Ein riesiges Opus, das übrigens schon während seines Entstehens der Öffentlichkeit zugedacht war – der Autor hat alle möglichen Vorkehrungen getroffen, um es komplett und unverstümmelt der Nachwelt zu erhalten, obschon er, wie er glaubwürdig versichert, ohne literarischen Ehrgeiz war. Seltsam auch, daß dieser sehr männliche, sehr französische Schriftsteller ohne Ehrgeiz und metaphysischen Glauben die Inschrift für seinen Grabstein sich nachhaltig hat angelegen sein lassen: *Paul Léautaud – Ecrivain français,* sollte sie lauten, wozu er bemerkt, das Wort *français* stehe nicht aus nationalen Gründen, sondern weil sein Vaterland die französische Sprache gewesen sei. [1966]

Marcel Proust in seinen Briefen

1 »Briefe zum Werk«

Sieht man von dem in jeder Hinsicht singulären Franz Kafka ab, darf man wohl behaupten, daß von den großen Romanciers unseres Jahrhunderts Marcel Proust der einzige ist, der sein Werk wesentlich im verborgenen, unter Ausschluß der Öffentlichkeit geschrieben hat. Daß James Joyce in den Städten seines Exils am »Ulysses« arbeitete, war bekannt; Auszüge aus seinem Spätwerk wurden dem Publikum als *»work in progress«* laufend präsentiert. Thomas Mann war von seinen Anfängen an als Schrifsteller und Repräsentant deutschen Geistes allen sichtbar, auch wenn das einzelne Werk in der Abgeschiedenheit und morgendlichen Stille des Arbeitszimmers geschrieben wurde.

Marcel Proust hingegen hatte zwar 1896, im Alter von fünfundzwanzig Jahren, den bibliophil ausgestatteten Band »Les Plaisirs et les Jours« (»Tage der Freuden«) veröffentlicht, aber er zählte bis zum Jahre 1913, als der erste Band der »Recherche« erschien, nicht zur Literatur. André Gide, dem Freunde Prousts diesen ersten Band in die Hände gespielt hatten, lehnte nach flüchtigster Prüfung – er hatte kaum mehr als ein paar Sätze gelesen – eine Veröffentlichung in der NRF ab: Ihm wie vielen anderen galt Marecl Proust immer noch als Besucher mondäner Salons, als geistreicher Plauderer und Snob, dem kaum jemand ein ernsthaftes literarisches Werk zutraute.

Niemand wußte etwas von dem tausend Seiten umfassenden Roman, den Proust um die Jahrhundertwende geschrieben hatte und der erst 1952, genau drei Jahrzehnte nach seinem Tode, unter dem Titel »Jean Santeuil« ans Tageslicht kam. Keiner seiner zahlreichen Freunde ahnte, daß Marcel Proust, der nach dem Tode seiner Eltern sich immer mehr von der Gesellschaft zurückgezogen hatte, in seinem von Asthmapulvern verräucherten Zimmer etwa um 1905 mit der Niederschrift der vielbändigen *»Recherche«* begonnen hatte. Erst im Jahre 1909 schreibt er an die Comtesse de Noailles: *»Ich habe zu arbeiten begonnen.«* Drei Jahre zuvor, in einem Brief an den ihm befreundeten Prinzen Antoine Bibesco, hatte er noch den Anschein zu erwecken versucht, als überstiegen die Anforderungen eines Werkes seine Kraft: *»Ich hatte meinen Geist meiner Ruhe geopfert. Als ich seine Fesseln löste, glaubte ich nur einen Sklaven zu befreien, aber ich habe mir einen Herrn gegeben, den zufriedenzustellen ich nicht die physische Kraft besitze und der mich töten würde, wenn ich ihm nicht widerstünde.«*

Diese Zitate finden sich in der Korrespondenz Marcel Prousts, von der Walter Boehlich einen ersten Auswahlband unter dem Titel »Briefe zum Werk« deutschen Lesern zugänglich gemacht hat, nachdem in Frankreich bereits in den dreißiger Jahren eine sechsbändige Ausgabe der Briefe erschienen war, die umrahmt, ja umwuchert wurde von zahlreichen Einzelpublikationen, in denen Freunde und Bewunderer Prousts ihre Erinnerungen an ihn fixierten und ihre Veröffentlichungen mit unbekannten Briefen Prousts anreicherten. Schuld an dieser Verzögerung, so gibt uns Walter Boehlich in seinem Nachwort zu verstehen, sei unter anderem der dilettantische Charakter der meisten französischen Brief-Editionen: mangelhafte Datierung und völlig unzureichende erklärende Anmerkungen. Wer je eine der gerügten französischen Publikationen – nicht allerdings die vortrefflich edierte »Correspondance avec sa mère« – in der Hand gehabt hat, wird dem beipflichten; das Amateurhafte, das seltsam dem Genie Marcél Prousts anhaftet, kehrt in diesen Briefbänden wieder.

Das Prinzip der Auswahl scheint auf den ersten Blick einleuchtend. Es wurden vorzugsweise jene Briefe genommen, in denen von der »Recherche« und den früheren Arbeiten die Rede ist; ferner solche allgemeinen Interesses, die am ehesten den Verfasser der Werke bezeugen. Da jedoch bei Proust Literatur und Leben eng verschwistert sind – und sei es in der Form, daß das Leben der Literatur aufgeopfert wird –, verfließen, glücklicherweise, oft die Grenzen – der Briefband ist kein Kommentar zum Werk, dessen Theorie ja ohnehin im letzten Band der »Recherche« ausführlich entwickelt wird.

Trotz dieser auf das Werk bezogenen Auswahl tragen die Briefe zu seinem Verständnis kaum Wesentliches bei; was in ihnen etwa über die »Vorlagen« zu den Romanfiguren, über die strenge Komposition der »Recherche« oder über Literatur und Kunst allgemein gesagt wird, kennen wir größtenteils bereits aus anderen Quellen. Auch wird man

Boehlich beipflichten müssen, wenn er sagt, daß Proust ein wirklich großer Briefschreiber nicht gewesen sei. In der Tat sind nicht wenige auch der Episteln dieses Bandes recht beiläufiger Natur und charakterisiert, wie Claude Mauriac in seiner (enttäuschenden) Proust-Monographie festgestellt hat, »durch eine eher weibliche Neigung zur Uferlosigkeit«.

Dennoch wird man, ein kurioser Fall, diesen Briefband gegen seinen Herausgeber Walter Boehlich, der im übrigen gewissenhafteste und nicht hoch genug zu rühmende editorische Arbeit geleistet hat – welche Anstrengungen des Suchens und Forschens, die sich dann oft in einer Anmerkung von zwei oder drei Zeilen niederschlagen! – mit einiger Entschiedenheit in Schutz nehmen müssen. Boehlich ist, so scheint es, am Menschen Marcel Proust wenig interessiert, nur schlecht verbirgt er in seinem Nachwort die philologische Unzufriedenheit mit der Dürftigkeit der von ihm ausgewählten Episteln: *»Nützlich vielleicht für den Biographen, für den, der sich eine Vorstellung machen will, in welcher Atmosphäre, unter welchen Bedingungen der größte französische Romancier dieses Jahrhunderts gelebt hat. Unnütz und überflüssig aber zum größten Teil für den, der die ›Recherche‹ bewundert und von seiner Bewunderung nicht abgelenkt sein will durch Ephemeres.«* (Härter noch und geradezu erbittert klang ein Satz, der sich noch im Umbruchexemplar fand, für die Ausgabe dann aber gestrichen wurde: *»Weinerliche Klagen, schamlose Heuchelei, törichtes Geschwätz von kaum vorstellbarer Ichbezogenheit.«*)

Ich gestehe ohne zu erröten, daß ich mich zu einer solchen Höhe der Betrachtung nicht aufschwingen kann, dies eigentlich auch nicht will. Das geistige Universum, das wir Literatur nennen, besteht nicht nur aus den von ihren Autoren abgelösten Werken; nicht allein das Gespinst zählt, sondern auch die Seidenraupe, die es hervorbringt. Und »nützlich« ist die Beschäftigung mit der Person des Autors nicht nur für den »Biographen«, der ja in Wahrheit nur eine spezialisierte Form des sich für Literatur interessierenden Menschen ist, sondern aufschlußreich und erregend ist diese Beschäftigung für alle, die am Prozeß künstlerischer Hervorbringung, an der – übrigens von Proust subtil reflektierten – Beziehung von Person und Werk interessiert sind.

Offensichtlich und verständlich, daß der Herausgeber am

Ende seiner mühevollen Arbeit überdrüssig geworden ist und mit seiner ungerechten Charakterisierung der Briefe und damit des Menschen Marcel Proust es dem Gegenstand seiner jahrelangen philologischen Bemühung heimgezahlt hat. Proust selber, der selten verurteilt, hätte Walter Boehlich in diesem Falle nicht aus persönlichen, sondern aus menschlichen Gründen widersprochen: In einem seiner Briefe an den von ihm wahrhaft umworbenen André Gide tadelt er diesen, weil er in einem verächtlichen Ton mit Oscar Wilde gesprochen habe. Und er fährt fort: *»Ich bewundere ihn* (Wilde) *sehr wenig. Aber ich habe kein Verständnis für ... einen zu heftigen Ton, wenn man mit einem Unglücklichen spricht.«*

Daß Marcel Proust ein Unglücklicher war, als lebenslang Kranker, als Homosexueller, als Schriftsteller, der begriffen hatte, daß die Kunst *»ein ständiges Hinopfern des Gefühls zugunsten der Wahrheit«* ist – kein Zweifel kann daran bestehen. Im übrigen entspricht die Charakterisierung Boehlichs (zumal in dem dann gestrichenen Satz) weithin nicht den Tatsachen. Proust ist oft ichbezogen in seinen Briefen, aber er kann sich auch ganz aufschließen für den Kummer und das Unglück eines anderen. Eigentümlich sind ihm eben auch jene ekstatische Hinwendung und jenes Selbstvergessen, die Nervöse manchmal auszeichnen. Briefe an André Gide – nach dessen Bruch mit Claudel –, an Gallimard und andere zeigen das in voller Deutlichkeit. Auch ist nicht zu übersehen, wie ausschweifend und wie liebenswürdig Proust die Arbeiten anderer lobt, und gewiß nicht nur aus Heuchelei. Dieses Phänomen verlangt nach einer anderen Deutung.

Für Walter Boehlich ist *»eine auf die Person des Schriftstellers gerichtete Neugier von sekundärem Wert«*, wie er in seinem Nachwort schreibt. Diese These ist heute und seit langem in der etwas auf sich haltenden Literaturwissenschaft sakrosankt. Aber es ist auch der Verdacht erlaubt, daß man auf die Person des Autors gern verzichtet, weil man ohnehin mit ihr nicht allzuviel anzufangen weiß: Der psychologische Sinn ist in unserer soziologisierenden Zeit nicht gerade kräftig entwickelt, und zumal in Deutschland war man im allgemeinen in dieser Hinsicht immer nur mäßig begabt. Aber eben dies: psychologische Neugierde, leidenschaftliches Interesse an der – teils unbewußten – Strategie eines Menschen (und keineswegs nur an der ›literarischen Strategie‹!) und die Fähigkeit, noch

und gerade das Nichtige zu einem Vehikel der Erkenntnis zu machen, ist für eine fruchtbare Lektüre der Briefe Marcel Prousts Voraussetzung.
Erregend beispielsweise der Vorgang, wie ein Übersensitiver, den alle Wirklichkeit zu sehr bedrängt, sich mit Hilfe seiner Krankheit jene Bedingungen schafft, die er schon in seinem Jugendwerk »Tage der Freuden« divinatorisch als die für ihn als Künstler günstigsten begriffen hatte. Dieser Prozeß der Absonderung von der Welt ging langsam und unaufhaltsam vonstatten, er spiegelt sich eindrucksvoll in den Briefen wider. *»Nun hüte ich das Bett schon seit einem ganzen Jahr«,* heißt es etwa in einem Brief aus dem Jahre 1907, und ähnliche Bemerkungen wiederholen sich, bis er in einem seiner letzten Briefe an Gallimard – Boehlich hat ihn leider nicht in seine Sammlung aufgenommen – das ans Herz rührende Geständnis ablegen muß: *»Andere als ich – und ich freue mich darüber – können das Universum genießen. Mir selbst ist Bewegung, Rede, Denken, sogar das schlichte Wohlgefühl der Schmerzlosigkeit versagt. So gleichsam aus mir selber verbannt, flüchte ich mich in die Bände (*der *»Recherche«), die ich betaste, da ich sie nicht mehr lesen kann . . .«*
Einsehbar wird an diesem Prozeß auch die ungeheure Verführungskraft des Extremen. Echt ist ohne Frage der Schmerz des vom Leben Abgeschiedenen, der nur manchmal zu mitternächtlicher Stunde oder später aus seinem immer abgedunkelten Zimmer wie ein Gespenst auftaucht, um etwa in der leeren Halle des Hotels »Ritz« einige Freunde zu empfangen. Aber diese häufigen Mitteilungen über die Krankheit und die ungeheure Extravaganz seiner Lebensführung durchzittert manchmal auch eine geheime und gefährliche Lust: die fiebernde Lust dessen, der sich weit entfernt hat und sich dem Rande des Lebens, dem Abgrund nähert.
Sein ständiges schmeichlerisches Werben um Freundschaft und Liebe ist in diesem Zusammenhang zu sehen. Es kränkt ihn, wenn Gide ihn in einem Brief mit »lieber Proust« anredet, nachdem er selbst ihn mit »lieber Freund« angesprochen hatte. Nach dem Tode des Vaters (1903) schreibt er an die Mutter: *». . . beschwöre ich die Nacht mit dem Plan eines Lebens nach Deinem Willen und Dir materiell noch näher dadurch, daß wir dieselben Stunden, in denselben Räumen, in der gleichen Wärme,*

nach den gleichen Grundsätzen, mit wechselseitiger Zustimmung erleben.« Wer sich unendlich weit vom Leben und seiner Normalität entfernt – und auch die Literatur ist ein solches Sichentfernen, um auf diese Weise das, was Proust das »wahre Leben« nennt, zu gewinnen –, will zugleich in der intimsten Geborgenheit, gleichsam ewig im Mutterschoß leben; wer schon durch einen Lufthauch gekränkt und durch die kleinste Unfreundlichkeit verletzt wird, wird in extreme Lebensbedingungen hineinmanövriert, die ein Robuster nicht drei Tage lang ertragen könnte.

Daß das Wunderwerk des Proustschen Romans sich wesentlich diesen extravaganten Lebensbedingungen und der zur Krankheit gesteigerten Sensibilität seines Autors verdankt, steht außer Zweifel. Wer immer prompt nach dem Hinlegen einschläft, heißt es einmal im Roman, wird kaum wesentliche Einsichten in den Vorgang des Wachens und Schlafens gewinnen. Das gleiche gilt auch von den anderen Lebensprozessen: Wie für Sigmund Freud war auch für Proust Erkenntnis nur von der Störung, der Krankheit her zu gewinnen. »Unnütz und überflüssig«, wie es in dem Nachwort Boehlichs heißt, ist nichts, weder im Werk noch in den Briefen, für jemanden, dem Proust den Sinn für diesen Vorgang geschärft hat, in welchem noch und gerade der Banalität des Lebens eine Erkenntnis abgewonnen wird, welche die Banalität überdauert.

»Die Gegebenheiten des Lebens zählen nicht für den Künstler, sie sind für ihn nur eine Gelegenheit, sein Genie zu bekunden«, heißt es in der »Recherche«. Etwas von diesem »Genie« muß der Leser dieses Briefbandes besitzen, um die Beiläufigkeiten, das Mimosenhafte und das Geheimnis des Lebens Marcel Prousts würdigen zu können. [1964]

2 »Briefe zum Leben«

1964 brachte der Suhrkamp Verlag eine Auswahl aus der umfangreichen Korrespondenz Marcel Prousts unter dem Titel »Briefe zum Werk« heraus, die von insgesamt etwa 2000 in Frankreich veröffentlichten Briefen ungefähr ein Zehntel enthielt. Der Herausgeber Walter Boehlich wollte, wie der Titel anzeigte, vor allem den Schriftsteller Proust sichtbar machen und nicht den Menschen, von dem er in seinem Nachwort mit schlecht verhehlter Abneigung sprach. Gemessen an der »Recherche«, heißt es in seinem Nachwort, sei die Korrespondenz Prousts »in der Regel beiläufig, wo nicht wertlos, oft sogar abstoßend«.

Ein so hartes Urteil könnte sich bis zu einem gewissen Grad auf Proust selber berufen, der scharf unterschied zwischen der kommunikativen Aussage und dem sich der Einsamkeit verdankenden Werk, so wenn er etwa in einem Brief aus dem Jahre 1922 schrieb: »*Zwischen dem, was jemand sagt, und dem, was er durch Selbstbesinnung aus den Tiefen zutage fördert, wo der unberührte, von Schleiern umhüllte Geist ruht, liegt eine Welt.*« In anderer Hinsicht wäre freilich dem Urteil Boehlichs gerade auch mit Proust selber zu widersprechen. Daß das scheinbar Nichtige seinen Reichtum enthüllen und uns unersetzbare Einsichten vermitteln kann, gehört zu den Grundwahrheiten seines Werks. Wäre die Unterscheidung zwischen Niedrigem und Hohem für ihn noch verbindlich gewesen, hätte er, wie Baudelaire im Hinblick auf Paris, sagen können, er habe, in einer seltsamen Alchimie, den Schmutz in Gold verwandelt.

Im übrigen galt seine Liebe, was künstlerische und literarische Hervorbringungen betrifft, nicht nur dem Vollendeten. Wenn er reich wäre, heißt es in einem Brief an Madame Catusse, würde er keine Meisterwerke kaufen, »*sondern solche Bilder, die den Geruch einer Stadt oder die Feuchtigkeit einer Kirche bewahren und gleich Nippsachen ebensoviel Traum durch Ideenassoziation wie in sich selbst enthalten*«. Denkbar wären also Leser dieser »an sich« oft wenig belangvollen Briefe, die kraft einer kongenialen Kunst der Entzifferung in ihnen Aroma und Traum eines Wesens aufspürten, dem wir das Wunderwerk jenes Romans verdanken; denkbar auch Leser, denen in diesen Briefen der Mensch Marcel Proust auf eine authentischere Weise gegenwärtig wird als bei der Lektüre der zweibändigen Proust-Biographie von George D. Painter, die uns so vieles versprach und am Ende enttäuschte.

Mißliche Konsequenzen hat Boehlichs schroffe Trennung von Werk und Person in editorischer Hinsicht. Schon der Band »Briefe zum Werk« enthielt viele Episteln, die sich nicht nur mit dem Werk befaßten: Briefe an die Mutter, in denen soviel von Marcels Krankheit die Rede ist, Briefe nach dem Tod der Mutter, in denen sein

Schmerz sich spiegelt, Briefe über die Dreyfus-Affäre, Freundesbriefe. All diese persönliche oder allgemeine Themen behandelnden Episteln fehlen nun in dem zweiten Band »Briefe zum Leben«, obwohl sie dort zu erwarten wären. Auch finden sich in diesen »Briefen zum Leben« viele Aussagen, die sich auf das Werk, sein Erscheinen und seine Kritik beziehen – Briefe also, die in den ersten Band gehörten. Kommt noch hinzu, daß notwendigerweise sehr viele Briefe in den beiden Bänden an die gleichen Adressaten gerichtet sind, was die Korrespondenz ganz unnötig zerreißt.

Überschaubar dokumentiert wird übrigens auch in diesem zweiten Band das Leben Prousts nicht; man könnte an Hand dieser Briefe den Lebenslauf kaum rekonstruieren. Was allerdings nicht zu Lasten der Edition geht, sondern in den Briefen selber begründet ist. Es gibt keinen Brief Prousts, in dem dieser etwa einem Freund nach längerer Schreibpause von seinem vergangenen und gegenwärtigen Leben berichtete, von seinen Reisen, literarischen Plänen, seinen Krankheiten. Was die Briefe Prousts im positiven und im negativen Sinne auszeichnet, ist ihr ekstatisches, manchmal möchte man fast sagen: ihr hysterisches Verhältnis zur Gegenwart. Dieser Briefschreiber ist fast immer mit dem Nahen und Nächsten beschäftigt: mit der Freude oder dem Kummer des Adressaten, mit zu treffenden Verabredungen und den immensen Schwierigkeiten solcher Verabredungen, mit Ratschlägen oder den Bitten um Rat, mit Fragen der literarischen Strategie, mit Gesellschaftsklatsch, mit seinen Asthmaanfällen, die ihn monatelang ans Zimmer fesseln, mit Wohnungssorgen oder seinen finanziellen Spekulationen, mit dem Krieg und dem falschen Patriotismus in den Zeitungen, der ihn anwiderte.

Von all dem ist in diesen Briefen aus über drei Jahrzehnten – der erste stammt aus dem Jahre 1885 oder 1886, die letzte Mitteilung, kurz vor dem Tod geschrieben, aus dem Herbst des Jahres 1922 – gleichsam distanzlos die Rede. Immer, worum es auch geht, ist Proust auf nicht ganz geheure Weise den Menschen und Sachen zugekehrt: ein Mensch, der gleichsam ins Außen geschleudert ist und keinerlei Widerstand überwinden muß, um aus sich herauszutreten – ein mir überaus merkwürdiges Phänomen, das mich immer an sein Heufieber denken läßt, unter dem er litt (*»... schon der Duft einer Rose genügt, um mich krank zu machen«)*. Ein Geist ohne jede Schwerfälligkeit, eine mühelos und auch bei der Behandlung trivialer Gegenstände sich oft strahlend dokumentierende Intelligenz; übrigens auch ein ganz und gar undogmatischer Mensch. Gesellschaftliche und freundschaftliche Beziehungen scheinen hier alles zu sein: Verglichen mit Proust will einem fast jeder deutsche Schriftsteller wie ein Bär in seiner Höhle vorkommen. Und dabei weiß man aus der »Recherche«, und auch in einem der Briefe spricht er es aus, daß für ihn die Freundschaft nur eine Ablenkung war: *»Ich bin ... erst ich selbst, sobald ich allein bin.«* Einmal, in einem Brief an den Prinzen Antoine Bibesco, nennt er sich gar eine *»alte Kokotte der intellektuellen Freundschaft«* und legt das erstaunliche Bekenntnis ab: *»In gewisser Weise bin ich der Unaufrichtigkeiten und Freundschaften überdrüssig, was fast auf dasselbe hinausläuft.«* Bedenkt man diese Widersprüche, begreift man besser die Relation, die hier zwischen Mensch und Werk besteht. Herauslösen aus der Welt der Gesellschaft konnte und wollte Marcel Proust sich auch in seinem Roman »Auf der Suche nach der verlorenen Zeit« nicht, dazu war er zu sehr verstrickt. Aber er konnte versuchen, in der tiefen Stille und Abgeschiedenheit seines Arbeitszimmers aus dem mondänen Leben dessen Essenz und Spiritualität zu destillieren. So konnte er bei der Welt und gleichzeitig er selber sein und den Antagonismus von Zerstreuung und Versenkung versöhnen.

Verglichen mit dem Werk sind selbstverständlich viele dieser Briefe schon darum beiläufig, weil in ihnen dieser Widerstreit bestenfalls ansatzweise geschlichtet ist. In vielen dieser Briefe dient er dem Leben: Proust ist ein Genie des Lobens, der Schmeichelei, der Bewunderung. Wobei man freilich oft den Eindruck hat, daß all dies oft auch eine Art Fassade ist, hinter der er sich verbirgt – vom Wesentlichen, der Arbeit am »Jean Santeuil«, an der »Recherche« läßt er wenig nach außen dringen. Und wenn der Leser nichts von Prousts Homosexualität wüßte – mit schwachen Belegen wollte Painter in seiner Biographie auch heterosexuelle Beziehungen glaubhaft machen –, könnte er sie aus diesen Briefen kaum erraten, von denen viele zärtliche an Frauen gerichtet sind.

Grundfalsch wäre es dennoch, wollte man angesichts der Schmeicheleien dieser Briefe schlankweg von Heuchelei sprechen. Prousts Liebenswürdigkeit ist oft echt und hinreißend, seine Einfühlungsgabe und sein Zartgefühl sind kaum zu überbieten: Wenn er sich für ein Geschenk bedankt und dabei so viel Geist und Anmut aufbringt, daß er mehr zu geben scheint, als er empfangen hat; wenn er einem Bekannten finanzielle Unterstützung anbietet, weil dieser bei der letzten Begegnung traurig war und er vermutet, er brauche Hilfe. Gewiß gehörte Proust zu jenen Menschen, die in einer unbeschreiblichen Aufwallung des Gefühls sich buchstäblich umbringen könnten, um einem anderen zu helfen – eine neurotisch-hysterische Reaktion, die er als Psychologe durchschaute, wie die »Recherche« da und dort verrät. Aber wenn wir diese Ekstasen von Selbstaufopferung neurotisch nennen müssen, so ist auch zu sagen, daß es weniger liebenswerte Formen von Neurosen gibt: wie wir alle wissen.

Zum Krankheitsbild Prousts (1892 wird der erste erschreckende Asthma-Anfall verzeichnet) trägt dieser zweite Briefband kaum Neues bei. Daß seine Krankheit psychosomatischer Natur war, ist gewiß. Als wahrscheinlich darf gelten, daß er zu gewissen Zeiten sein Kranksein übertrieb (wenn er, 1904, etwa an Geneviève Strauss schrieb: *»Jeder Besuch, den ich Ihnen abstatte, kostet mich ganze Wochen Bettruhe«):* einmal, weil seine Krankheit ein Mittel war, um sich den Verpflichtungen zu entziehen und sich seinem Werk zu widmen; zum anderen, weil er lange mit ihr spielte und sie großzog, wie man eine gefährliche Sucht oder den Gedanken an Selbstmord großzieht. Zuletzt freilich war es tödlicher Erst. *»Der Tod, mit dem ich lebe, verhindert alles«,* heißt es lapidar in einem Brief des Herbstes 1920, und zwei Jahre später an Jacques Rivière: *»Lassen Sie mich, meine Schmerzen gehen heute bis zur Todesangst.«* Die Stimme der Wahrheit, schneidend und unerbittlich wie das letzte Wort Kafkas an Felice; »Hier ist der Friede wohl nur jener, den man der Asche wünscht.«

Ob Marcel Proust die maßlose Extravaganz seiner Krankheit sich ohne ererbtes Vermögen hätte leisten können? Die Frage ist gewiß müßig. Denken aber darf man bei der Lektüre dieser Briefe mit ihrem Überschwang und ihrer hypertrophierten Sensibilität und angesichts des mondänen Ambiente dieses Lebens an den breiten materiellen Fundus, der diese Existenz ermöglichte; denken auch an den Stil der Epoche mit ihren üppigen Interieurs, den aristokratischen Salons und den eleganten Moden der Damen – nicht zuletzt bezeugte sich Marcel Prousts

Künstlertum darin, daß er sich dem Vergänglichen so überantwortete, als sei es das Ewige.

Erstaunlich sind manche Parallelen zwischen Leben und Werk. Wenn Marcel Proust viele Jugendfreundschaften bis zu seinem Tod kultiviert, wenn es aus allen Jahrzehnten verehrungsvolle Briefe an Geneviève Strauss, Vorbild für die Herzogin von Guermantes, gibt, an Freunde und Freundinnen, von denen viele der Aristokratie angehören, deren Glanz, Ritual und Verfall er so unvergeßlich festgehalten hat: auch in der »Recherche« tauchen auf Tausenden von Seiten und über Jahrzehnte erzählter Zeit hinweg die gleichen Haupt- und Nebenfiguren immer wieder auf, und der Erzähler hält sie mit derselben Beharrlichkeit fest, mit der er immer wieder auf bestimmte emotionale Komplexe und intellektuelle Probleme zurückkommt: auf Liebe, Eifersucht und den Prozeß des Vergessens etwa oder auf die Frage nach dem Wesen und der Entstehung des Kunstwerks. Dieses hartnäckige Festhalten an Personen oder emotional-geistigen Komplexen ist absolut spezifisch für Proust; die Briefe bringen uns das zu Bewußtsein, wenn wir es am Werk nicht erkannt haben sollten. Unter diesem Gesichtspunkt dürfte man von der Treue Marcel Prousts sprechen – einer Treue, die sogleich an das stupende Gedächtnis denken läßt, von denen diese Briefe mit ihren zahllosen aus dem Gedächtnis zitierten Passagen aus der Literatur erstaunliche Beispiele liefern. Diese Kraft der Vergegenwärtigung, dieses Nicht-Absterbenlassen ist ein Moment der Größe Marcel Prousts.

Mit dieser erinnernden Treue hat es auch zu tun, daß wir in dieser Korrespondenz so viele ergreifende Kondolenzbriefe finden – »*Für mich leben die Toten. Das gilt für mich in der Liebe, aber auch in der Freundschaft.*« Angesichts dieser unablässigen Anteilnahme an den Geschicken und Verlusten seiner Freunde und Bekannten berührt es um so merkwürdiger, daß Proust auf den 700 Seiten dieses Briefbandes niemals jemandem zur Geburt eines Kindes schreibt. Ein Faktum, das gleichfalls in der »Recherche« seine Entsprechung hat: Auf den Tausenden von Seiten seines Romans wird mehrmals das Sterben grandios geschildert, nie aber ist, wenn mein Gedächtnis mich nicht trügt, von einer Geburt die Rede. Was vielleicht kein Zufall ist und nicht mit der Homosexualität des Autors allein zu erklären: die einzige Geburt, welche die

»Recherche« kennt, ist die des Kunstwerks; sie scheint jede andere auszuschließen.
So führt dieser Briefband, auch wenn er nur wenig von Prousts Roman handelt, auf das Werk zurück und erhellt es. Aber selbst, wenn dies nicht der Fall wäre: nicht vorstellbar ist mir ein Leser, der Prousts Roman wirklich bewunderte und den diese Briefe gleichgültig ließen. Noch in ihren ephemeren Mitteilungen spürt man das Genie.

[1969]

Für Ideen wenig begabt
Eugène Ionesco »Heute und gestern, gestern und heute«

In seinem ersten auf deutsch erschienenen Tagebuch »Journal en miettes« und im Hinblick darauf hatte Ionesco von einer Forschungsreise durch einen undurchdringlichen Wald, von der »Suche nach mir selbst« gesprochen. Die Erwartung, die eine solche Charakterisierung weckt, befriedigte indessen jener Band kaum. Struppig und verworren mochte der Wald des Inneren schon sein, aber die Energie, auch die intellektuelle Neugier des Forschungsreisenden waren nicht sehr eindrucksvoll, und die Erkenntnisse, die er nach Hause brachte, nicht sehr aufregend. Auch der zweite Band dieses Tagebuchs – »Heute und gestern, gestern und heute« – läßt nicht selten an das harte Urteil Susan Sontags denken, die in ihrem Aufsatz über Ionesco festgestellt hat, daß bei diesem Schriftsteller die »Begabung für Ideen ausgesprochen begrenzt« sei. Manches in diesem Tagebuch ist sogar ärgerlich und absurd. Daß beispielsweise Hochhuth ein Nazi genannt wird, weil er immer nur gegen Nicht-Nazis – Pius XII. und Churchill – protestiert hätte, ist einfach lächerlich. Auch die nicht seltenen Attacken auf Sartre haben oft etwas Subalternes: Es ist unerträglich, wenn Ionesco Sartre einen *»Advokaten der Tyranneien«* nennt und ihm, en passant, eine *»kleinbürgerliche Mentalität«* anlastet.
Allerdings muß man solche Urteile im Zusammenhang sehen: Nicht um sie dann zu billigen – davon kann keine Rede sein –, sondern um ihren Ort im Denken Ionescos zu begreifen. Ionesco, um es simpel auszudrücken, ist kein Linker; sehr wahrscheinlich ist er auch nicht ein Mann der Rechten, obwohl es manchmal so aussieht und ihn einiges dazu vielleicht prädisponiert. Ihn erfüllt ein tiefes Mißtrauen gegen Ideologien, gegen alle fixierten gedanklichen und politischen Systeme, gegen jede Art von organisierter Kollektivität. Aus diesem Grund läßt er sich zu der Behauptung hinreißen, die Tyrannei sei heutzutage links, oder China werde unverzüglich mit seinem Angriff auf die Menschheit beginnen, wenn es zum Atomkrieg gerüstet sei.
Reagierte man als Leser auf solche Behauptungen, die

obendrein kaum oder nur schwach begründet werden, als »Partei«, das heißt politisch, müßte man über Ionesco den Stab brechen. Ionesco selber aber ist kein politischer Kopf; er hat nur Instinkte und Ressentiments, die ihn in eine bestimmte Richtung weisen, wenn er politisch zu denken versucht. Er ist, was damit im Zusammenhang steht, auch nicht ein Handelnder. *»Handeln?«* fragt er in diesem Tagebuch und gibt die Antwort: *»Zu hellsichtig, um es zu tun ... Wer handelt, liebt den Tod oder die Macht. Ich liebe die Unabhängigkeit, ich will nicht von andern getrieben werden.«*

Diese Absage an die Aktion ist folgenreich, auch wenn es nicht um Politik geht. Auch voranschreitendes Denken ist nämlich eine Art Handeln, und wer solchermaßen allergisch ist gegen Handeln überhaupt, setzt sich auch als Denkender nicht in Marsch, weigert sich, an geistigen Bewegungen zu partizipieren, eine Sache zu verfechten. Das aber reduziert den Umkreis der möglichen Erfahrungen und der Interessen – eine Beschränkung, die das Tagebuch Ionescos um so vieles weniger interessant macht als etwa das Journal André Gides, der sich immerhin einmal auf das Christentum und einmal auf den Kommunismus hin in Marsch gesetzt hat.

Kommt noch hinzu, daß dieses Tagebuch nur streckenweise ein Diarium ist, welches die tägliche Erfahrung aufzeichnet. Es überwiegen Reflexionen und Erinnerungen, die mit dem augenblicklichen Leben des Verfassers oft nicht in einsehbarem Zusammenhang stehen. Auch hat Ionesco, was der Idee eines Tagebuchs widerspricht, die Zeiten durcheinandergewürfelt: Die Aufzeichnungen aus den sechziger Jahren werden häufig von solchen aus der Zeit des Zweiten Weltkriegs unterbrochen, den Ionesco anfangs in Rumänien erlebte. (Als Sohn rumänischer Eltern hat er seine Kindheit in Paris verbracht, von 1925 bis Ende der dreißiger Jahre war er in Rumänien.)

Interessanter als die Anmerkungen zu den Zeitereignissen, etwa zum Krieg oder zum Nahostkonflikt, sind die rein persönlichen Eintragungen: Erinnerungen an die Kindheit, die er verklärt sieht, ein verlorenes Paradies, und an den Vater, den er haßt, weil er die Familie verlassen hat und weil er für Ionesco das Musterbeispiel eines Opportunisten ist, nacheinander Angehöriger der Eisernen Garde, Freimaurer, Demokrat, Nationalist und Stalinist. Ionesco, dem Sohn, der sich allen Parteien und Be-

wegungen entzieht, muß dieses Sichanschmeißen des Vaters besonders abscheulich erschienen sein. Oder ist es so, daß er nirgends mitmacht, weil er seinen Vater und dessen opportunistisches Verhalten haßte?
»Was ich unannehmbar finde, sind die Bedingungen unserer Existenz. Auf der Erde zu sein, ist nicht annehmbar«, heißt es im Tagebuch einmal. Das Bewußtsein der Nichtigkeit, der unablässige Gedanke an den Tod, die schreckliche Erfahrung des Alterns verdüstern dieses Leben, ebenso wie die Erkenntnis, daß all die anderen Menschen die Welt zu verstehen scheinen, einen Schlüssel, einen Dietrich besitzen, nur er selber nicht: *»Ich bin der einzige auf der Welt, der nichts begreift ...«* Auch dieses unglückliche Bewußtsein verkürzt die Erfahrung des Denkens: Wenn man am Ganzen leidet, werden die Unterschiede unwichtig, beispielsweise die zwischen Faschismus und Kommunismus; der »Durst nach dem Absoluten« ist ein schlechter Kompaß in der konkreten gesellschaftlichen Wirklichkeit.
Am wichtigsten, auch für das Verständnis Ionescos und zum Teil auch seiner Dramen, ist die Schilderung gewisser Zustände, die man als mystisch bezeichnen darf. *»Früher kam es zuweilen vor, daß eine Art Gnade, eine Euphorie mich überkam. Als verlöre zunächst jeder Begriff, jede Realität ihren Inhalt. Nach dieser Leere, nach diesem Taumel war mir, als befände ich mich plötzlich im Mittelpunkt der reinen, unaussprechlichen Existenz.«* Hier wird deutlich, daß Ionesco auf der rationalen Ebene nicht ganz zu fassen ist, weil seine tiefsten, seine wesentlichsten Erfahrungen anderer Natur sind; daß er auf der »irdischen« Ebene unsicher ist und manchmal stolpert, weil er Zustände von Entrückung kennt, die ins Rationale nicht übersetzbar sind, dieses nicht steigern, sondern im Grunde negieren.
Zwischen der alltäglichen Erfahrung und diesen Entrükkungen liegt das Staunen; dieses Wort, das im Tagebuch häufiger vorkommt, trägt starken Akzent. Es bezeichnet wohl einen mittleren Zustand, in dem die Welt überaus befremdlich und doch faßbar erscheint. Ein Zustand, der als Voraussetzung für philosophisches Fragen und Erkennen gilt. Für Ionesco, der in Bildern denkt, wird es der Ausgangspunkt für viele seiner Stücke, in denen das Alltägliche fremd, das Befremdliche alltäglich erscheint. Diesem Staunen und den Träumen, denen das Tagebuch viel

Aufmerksamkeit schenkt, verdankt Ionesco wesentlich seine Produktivität.

Eine wertvolle Ergänzung zu diesem an sich nicht so interessanten Tagebuch Ionescos ist das Bändchen »Bekenntnisse« (nach den Gesprächen mit Ionesco aufgezeichnet von Claude Bonnefoy). Wer sich anschickt, über den Denker Ionesco an Hand des Journals ein vielleicht vernichtendes Urteil zu fällen, sollte zuvor diese Aufzeichnungen lesen. Hier, wo Ionesco nicht wie im Tagebuch mit oft unzulänglichen Mitteln politische Probleme reflektiert, sondern Auskunft gibt über sein Metier, entpuppt er sich als scharfsinniger und höchst origineller Kopf. Gewiß, eigensinnig und gelegentlich voll Ressentiment ist er auch in diesen Gesprächen zuweilen; was er etwa über den *nouveau roman* an Kritik vorbringt, ist die ganze Wahrheit zweifellos nicht. Aber es ist seine Wahrheit, und das heißt: er denkt mit seinem eigenen Kopf, von seinen Voraussetzungen und Erfahrungen her, und seine Antworten sind Ergebnisse eines trainierten Sachverstandes und einer hochentwickelten Sensibilität.
Inquisitorisch und mit manchmal ermüdender Hartnäkkigkeit von Claude Bonnefoy befragt, gibt Ionesco intime Aufschlüsse über das eigene Werk und dessen Genese, über seine Erfahrungen mit dem Theater und über Theater überhaupt, entwickelt er seine Gedanken über die Krise und die Zukunft der Literatur oder über den Zusammenhang von Dichtung und Neurose. [1970]

Der Künstler im Exil
James Joyce »Briefe«

Daß James Joyce ein wirklich bedeutender Briefschreiber nicht war, machen die beiden ersten Bände der Korrespondenz (aus den Jahren 1900–1930) deutlich, und es ist dies keine Überraschung. So stark das Werk dieses Schriftstellers aus der eigenen Erfahrung gespeist wurde, ›Werk‹ wurde das Unmittelbare erst durch den immensen artistischen Verstand von Joyce, der die Erfahrung einer rigorosen Bearbeitung unterwarf: Sie mußte als unmittelbare sterben, um jenseits ihres Todes im Kosmos seiner Kunst auferstehen zu können. Joyce als Briefschreiber aber steht ganz und gar *vor* dem Werk und hatte in keiner Weise die Absicht, Literatur zu machen, wenn er an Verleger und Schriftsteller, an die Lebensgefährtin Nora oder an seinen Bruder Stanislaus schrieb. Auch ist es nicht so, daß den Stadien des Schaffens, in welchen Joyce sich immer kühnere und extremere Ausdrucksmöglichkeiten erschloß, ein irgendwie vergleichbarer Reifungsprozeß des Menschen Joyce entspräche. Nur der Künstler Joyce schreitet erobernd voran, nicht der Mensch, der sich ziemlich gleichbleibt, sich im Laufe der Jahre und Jahrzehnte vielleicht sogar erstaunlich wenig entwickelt hat.

Auch hat der Autor des »Ulysses« bei der hastigen Niederschrift dieser Briefe zweifellos nicht an die Nachwelt gedacht. Am wenigsten sicherlich bei einigen Briefen obszönen Inhaltes, die er, bei gelegentlichen Trennungen, von Dublin oder London aus an Nora in Triest schrieb: gepeinigt, wie er selbst sagt, von einem »tierischen Verlangen«, und inspiriert von dem Wunsch, das Madonnenhafte und das Hurenhafte, das ihn gleichermaßen faszinierte, in einer Person zu vereinen und in dieser Person zu lieben. Es berührt darum leicht komisch, wenn im Hinblick auf die wohl von den Joyce-Erben erzwungene Fortlassung zweier solcher Briefe und zahlreicher Passagen in anderen nun klagend festgestellt wird, es verfolge also die Zensur Joyce noch ein Menschenalter nach seinem Tod. Briefe sind etwas anderes als die vom Autor zur Veröffentlichung bestimmten Werke, wie sehr sie deren autobiographischen Grund auch erhellen mögen, und zu respektieren ist, daß auch Schriftsteller in ihrem privaten

Leben nicht für die Philologie der Nachkommen lieben und leiden.

Der erste Briefband umfaßt die Jahre 1900–1916: Briefe aus Dublin und Paris, wo Joyce, wie der Stephan Dädalus des »Ulysses«, einige Monate sich aufgehalten hat, bis ihn die tödliche Krankheit der Mutter nach Hause rief, aus Pola, Rom und Triest, wo er sich, kümmerlich genug, als Sprachlehrer (in Rom als kleiner Bankangestellter) durchschlug, zuletzt aus Zürich, wo er während des Ersten Weltkriegs Unterschlupf fand. Die dem Band beigegebene Liste der Aufenthaltsorte und Wohnungen geht über Seiten. Aber nicht, wie etwa bei Rilke, war es die Suche nach optimalen Arbeitsbedingungen, die Joyce umhertrieb, sondern, schlichter und härter, die Suche nach einer Existenzmöglichkeit. Joyce, der im Jahre 1904, im Alter von 22 Jahren, mit Nora Barnacle Dublin verlassen hatte, mußte jahrelang unter elenden Bedingungen sein Leben fristen. Anmerkungen zur Literatur, der eigenen und der von anderen, finden sich in den Briefen kaum häufiger als – zumeist an den jüngeren Bruder Stanislaus gerichtete – Bitten, ja Forderungen, ihm Geld zu schicken, da er kaum mehr für ein paar Tage zum Leben habe. »Ich kann mir denken«, schreibt er einmal an Stanislaus, »daß Du diese Briefe leid bist.« Und lapidar fügt er hinzu: »Ich bin es auch.«

Ein solches Leben mutet sich keiner zu, der seine Empfindsamkeit kultivieren will oder als Übersensibler auf die Welt gekommen ist. Und fraglos war Joyce, von äußerster Sensibilität in Dingen der Sprache, der Literatur, der Musik, aus härterem Holz geschnitzt: einer, der entschlossen war, unter allen Umständen ans Ziel zu kommen, und das heißt in seinem Falle, als Künstler sein Werk zu schaffen. »Es ist für eine Frau schwer«, schreibt er in einem Brief aus dem Jahre 1905, als er offensichtlich daran denkt, sich von Nora zu trennen, »mit jemandem wie mir fertigzuwerden, aber andererseits habe ich nicht die Absicht, mich zu ändern«; er sei nicht ein Haustier, sondern ein Künstler und es leid, auf andere Leute Rücksicht zu nehmen.

Was Joyce dazu befähigte, die Misere seines Lebens in dessen erster Hälfte zu ertragen und diesem Leben sein Werk abzuringen, machen die Briefe kaum deutlich. Wir sehen den Agierenden, den Kämpfer, nicht aber einen Menschen, der über sich zu reflektieren pflegt. Womit vielleicht doch schon ein Moment seiner Stärke bezeichnet ist: daß er, wenn es darauf ankam, seine ganze Energie auf *ein* Ziel hin mobilisieren konnte (wie vor allem die Briefe an Verleger, vorab an Grant Richards bezeugen). Im übrigen wäre natürlich, will man die Gestalt zu »lesen« versuchen und ihre Stärke verstehen, an das irische Erbe zu denken oder genauer: an die starke Identifikation mit diesem Erbe. Dieser Identifikation ist es wohl auch zu danken, daß Joyce, bei aller Zerrissenheit, merkwürdig ungebrochen wirkt; bei allem Vorschießen in die Extreme verliert er sich nicht.

Überstehen ließ ihn, natürlich, auch das Bewußtsein seines Künstlertums, das sich im freiwilligen Exil unlösbar mit der Heimatstadt Dublin verband, der er in Haß und Liebe anhing. Und eingewirkt in den Mythos von Dublin und seines Künstlertums war auch Nora und seine Liebe zu ihr – »Alles«, schreibt der Sechsundzwanzigjährige aus Dublin an die Gefährtin, »was edel und erhaben und tief und wahr und bewegend ist in dem, was ich schreibe, kommt, glaube ich, von Dir. O, nimm mich auf in das Innerste Deiner Seele, und dann werde ich wahrlich der Dichter meines Volkes werden.«

Ein Gelöbnis und eine inständige Beschwörung aus der Ferne – die Nähe und die ständige Gegenwart waren wohl prosaischer, und das gilt für beide, für Dublin und Nora. Fern von Dublin, im verhaßten Rom etwa, entbrennt die Liebe zu der Stadt am Liffey, und beim Gedanke an seine in Dublin spielenden Erzählungen klagt er sich an, daß er der Schönheit dieser Stadt nicht gerecht geworden sei; aus der Geburtsstadt aber schreibt er später an Nora: »Dublin ist eine widerwärtige Stadt, und die Leute finde ich ganz abscheulich.« Über Nora, Geliebte und Muse seiner Kunst, wenn er fern von ihr ist, heißt es in einem Brief aus Pola an seinen Bruder: »Ich habe keinen, mit dem ich sprechen kann. Nora kümmert sich natürlich einen Dreck um Kunst.« Was vermutlich der Wahrheit entsprach: Noras sozusagen interpunktionsloses Gefühl – interpunktionslos wie ihre Briefe und darin Vorbild für Molly Blooms großen inneren Monolog im »Ulysses« – war schwerlich dazu disponiert, die prismatischen Brechungen des Joyceschen Kunstwerks aufzunehmen.

Nicht die geringste Neigung verspürte dieser Schriftsteller, sich in seinen Briefen über Allgemeines auszulassen, etwa über den Ersten Weltkrieg. Dublin interessierte ihn und jener eine Tag Dublins, den er im »Ulysses« als Weltalltag einer Epoche gestaltete, nicht aber Verdun, nicht der Sieg der Alliierten, nicht der Friede. Während die Welt in Flammen stand, focht Joyce in Zürich seine Händel mit dem britischen Konsulatsangestellten John Carr aus, der ihn beleidigt hatte – das Züricher Bezirksgericht ist für ihn der Kampfplatz, und seine Alliierten sind die Freunde, Ezra Pound vor allem, die ihm beistehen. Und während selbst Proust in jenen Jahren nicht nur auf die unaufhörlichen Katastrophenmeldungen seiner Nerven lauschte, sondern fasziniert und erschüttert sich über die Landkarte des Krieges beugte, erzählt Joyce, ein zweiter Odysseus, in diesen Briefen die unglaubliche Geschichte seiner Mühsal: wie er neun Jahre lang um die Veröffentlichung der »Dubliner« gekämpft hat, wie später das »Porträt des Künstlers als junger Mann« von allen Verlegern abgelehnt wurde und 20 Drucker in England und Schottland sich geweigert hatten, das Buch zu drucken, bis es dann endlich 1916 in Amerika veröffentlicht werden konnte . . .

Diese Geschichte wird in den Briefen mit Zorn und mit Stolz rekapituliert – Joyce verstand sich von Anfang an als Künstler, der gegen eine feindliche Welt sein Werk durchzusetzen hat, und die Welt verhielt sich dementsprechend, wie zumal der schon legendäre Kampf um die Veröffentlichung und die Freigabe des »Ulysses« zeigt. Wahrhaft abenteuerlich und grotesk auch die Schwierigkeiten, die sich zuvor der Veröffentlichung der »Dubliner« in den Weg gestellt hatten: der Verwendung des Wortes »bloody«, eine Anspielung auf König Edward VII., oder daß Dubliner Kneipen mit ihren richtigen Namen in den Erzählungen auftauchen – all diese Nichtigkeiten zwangen Joyce zu hartnäckigen Kontroversen mit den Verlegern und verhinderten jahrelang das Erscheinen des Werks. Wobei man sich heute natürlich fragen kann, ob dieser an sich idiotische Widerstand der ängstlichen Verleger und selbst Drucker gegen die Veröffentlichung nicht doch Tieferes bezeugt: eine Ahnung nämlich von der immensen Sprengkraft des Joyceschen Werks und insofern einen Akt dunklen Erkennens.

Entnehmen läßt sich den Briefen auch, wie sehr Joyce die Arbeit an »Ulysses« und hernach an »Finnegans Wake« erschöpfte. »Ich arbeite«, heißt es in einem Brief aus dem Jahre 1922, »wie ein Galeerensklave, ein Packesel, ein

Vieh. Ich kann nicht mehr mal schlafen. Die Circe-Episode (ein Kapitel aus dem »Ulysses«) hat auch mich in ein Tier verwandelt.« Ein andermal schreibt er an Harriet Shaw Weaver (Herausgeberin der Zeitschrift »The Egoist«), die immer mehr zu seiner einzigen Vertrauten wurde, daß er seit Jahren kein literarisches Werk mehr gelesen habe – »Mein Kopf ist voller Kiesel und Abfall und zerbrochener Streichhölzer und Glassplitter . . .«
Geringer als im ersten Band mit seinen leidenschaftlichen Episteln an Nora ist im zweiten der emotionale Gehalt der Briefe. Aufschlußreich und sehr seltsam aber sind hier die wenigen Briefe an die zwanzigjährige Martha Fleischmann, die Joyce in Zürich alles in allem wohl nur einige Male gesehen hat: schwärmerisch-lyrische Ergüsse, die eher an einen Achtzehnjährigen denken lassen, nicht aber den Mann von 36 Jahren, der Joyce damals war. »Der erste Gruß an diesem Tag kam von Dir – durch die Nacht. Und durch die Nacht der Bitterkeit meiner Seele fielen die Küsse Deiner Lippen über mein Herz – weich wie Rosenblätter, sanft wie Tau.« In diesen (deutsch geschriebenen) Sätzen vernehmen wir nicht den Autor des »Ulysses«, sondern den der allzu poetischen Verse von »Chamber Music« mit ihrem oft schwelgerischen Lyrismus. Und beide, die Gedichte und diese sehnsüchtigen und gleichzeitig hochliterarischen Episteln an Martha Fleischmann machen deutlich, wie ungenügend integriert und notwendigerweise darum unreif das Gefühl in Joyce war – ein Zwiespalt, den H. G. Wells begriff, als er 1928 an Joyce schrieb: »Ihre geistige Existenz ist besessen von einem ungeheuren System aus Widersprüchlichkeiten. Sie glauben wirklich an Keuschheit, Reinheit und den persönlichen Gott, und das ist der Grund, warum Sie immer wieder in Aufschreie über Fotze, Scheiße und Hölle ausbrechen. Da ich an diese Dinge nicht glaube . . ., habe ich mich durch die Existenz von Wasserklosetts und Monatsbinden – und auch durch unverdient erlittenes Mißgeschick – nie zu solchen Aufschreien hinreißen lassen.«
Viele der Briefe sind ziemlich unergiebig, nicht wenige konventionell, und da das Leben von Joyce überaus gründlich durchforscht ist, enthalten sie kaum wesentlich Neues. Eine Publikation für Joyce-Experten also, die die authentischen Zeugnisse dieses Künstlers im Exil wie Reliquien sammeln und denen jede Einzelheit aus diesem Leben und aus seinem Umkreis kostbar ist: daß

Joyce beispielsweise Hunde und Gewitter fürchtete und abergläubisch war; daß der zeitweilig fast Erblindete sich immer wieder Augenoperationen unterziehen mußte; daß Ezra Pound, von dem einige Briefe an Joyce in die Korrespondenz aufgenommen wurden, keinerlei Zugang zu »Finnegans Wake« hatte und daß der Bruder Stanislaus dieses Spätwerk ein »sabberndes Gefasel« genannt hat. Das überaus Merkwürdige besteht allerdings darin, daß man beim Lesen dieser Briefe allmählich selber in den Bannkreis der Figur gerät und einem alles wichtig zu werden beginnt, auch das Nebensächliche und Beiläufige – der Künstler und sein Werk gewinnen jene fast mythische Dimension, die sie schon zu Lebzeiten von Joyce für manche seiner Bewunderer hatten. [1970]

»Die systematische Zerstörung meiner selbst ...«
Franz Kafka »Briefe an Felice«

Franz Kafka hat seine erste Begegnung mit Felice Bauer, seiner nachmaligen »Berliner Verlobten«, in seinem Tagebuch festgehalten. Unter dem 20. August 1912 notiert der Neunundzwanzigjährige: »Fräulein F. B. Als ich am 13. August zu Brod kam, saß sie bei Tisch und kam mir doch wie ein Dienstmädchen vor ... Knochiges, leeres Gesicht, das seine Leere offen trug ... Während ich mich setzte, sah ich sie zum erstenmal genauer an, als ich saß, hatte ich schon ein unerschütterliches Urteil.« Es folgen noch zwei Wörter, dann bricht die Eintragung plötzlich ab – wir erfahren das »Urteil« nicht.

Drei Wochen später taucht Fräulein B. wieder im Tagebuch auf: Er habe darum einem Bekannten in Breslau so gern geschrieben, weil sich B. unlängst dort aufgehalten habe, »eine Witterung dessen noch in der Luft« sei; auch habe er daran gedacht, ihr durch diesen Bekannten Blumen schicken zu lassen. Am 20. September, mehr als fünf Wochen nach der Prager Begegnung im Elternhaus seines Freundes Max Brod, schreibt er ihr den ersten Brief nach Berlin; auf einem Briefbogen der »Arbeiter-Unfall-Versicherungs-Anstalt«, bei der er als Jurist tätig war (der Brief, wie viele weitere, ist im Büro geschrieben), heißt es: *»Sehr geehrtes Fräulein! Für den leicht möglichen Fall, daß Sie sich meiner auch im geringsten nicht mehr erinnern könnten, stelle ich mich noch einmal vor: ich heiße Franz Kafka und bin der Mensch, der Sie zum erstenmal am Abend beim Herrn Direktor Brod in Prag begrüßte ...«*

Damit beginnt eine mit Unterbrechungen über fünf Jahre sich erstreckende Beziehung, die erst mit der Erkrankung Kafkas an Lungentuberkulose und der Auflösung der zweiten Verlobung Ende 1917 ihren äußeren Abschluß fand; beginnt ein hinsichtlich seines Umfangs und seiner Intensität geradezu ungeheuerlicher Briefwechsel.

War es die sagenhafte »Liebe auf den ersten Blick«, welche diese Briefflut ausgelöst hat? Mit Sicherheit dürfte man das verneinen, trotz des gewiß merkwürdigen Um-

stands, an den übrigens auch der erste Brief erinnert, daß Franz Kafka bei der ersten Prager Begegnung der fünfundzwanzigjährigen Felice das Versprechen abgenommen hat, mit ihm im nächsten Jahr eine Palästina-Reise zu machen. Ein Vorhaben, das nie verwirklicht wurde – der immer ängstliche, immer zögernde Franz Kafka konnte sich schon zu einer ersten Reise zu Felice nach Berlin erst nach einem halben Jahr aufraffen.
Die Briefe, vor allem die zu Beginn ihrer Beziehung, zeigen Kafka als einen Werbenden, der, und das ist unheimlich, alles wissen will, *»die tausend Dinge, von deren Dasein und Möglichkeit ich gar nichts weiß«:* wann Felice ins Büro geht und was sie frühstückt, welcher Art ihre Arbeit bei der Diktiergeräte und Parlographen herstellenden Firma Carl Lindström sei, wie ihre Freunde und Freundinnen heißen, warum sie Kopfschmerzen habe und wie sie beim Theaterbesuch angezogen gewesen sei. Über Photographien, die sie ihm später schickt, beugt er sich mit dem Eifer eines Gelehrten, der kostbare Dokumente zu entziffern sucht. Es ist eine Unersättlichkeit, die wie Liebe aussieht, ein scheinbar grenzenloses Verlangen, am anderen Leben teilzunehmen, es vollständig zu überblikken.
Seltsam und aufschlußreich auch jener frühe Brief, in welchem Franz Kafka, offenbar als Antwort auf die Bemerkung Felices, er habe an jenem Prager Abend wenig Notiz von ihr genommen, eine minuziöse, vier enge Druckseiten umfassende Rekonstruktion ihrer Begegnung gibt: ein Erinnerungsprotokoll, das mit seiner ans Phantastische grenzenden Genauigkeit wohl etwas beweisen möchte. Dies nämlich, daß ihm die Begegnung so wichtig war, daß ihm jede Einzelheit noch gegenwärtig ist. Als ob Genauigkeit der Erinnerung Liebe verbürgen könnte!
In seinem ersten Brief stellt sich Kafka als *»unpünktlichen Briefschreiber«* vor, der seinerseits auch nicht erwarte, daß Briefe pünktlich kommen. So schreibt jemand, der die Enttäuschung, den Schmerz des Wartens fürchtet. Tatsächlich interveniert er bald bei einer gemeinsamen Bekannten, als eine Antwort auf sich warten läßt, und immer wieder beklagt er sich in der Folge über ausbleibende Briefe. *»Jetzt ist Montag, halb elf Uhr vormittag. Seit Samstag, halb elf Uhr warte ich auf einen Brief, und es ist wieder nichts gekommen. Ich habe jeden Tag geschrieben (das ist nicht der geringste Vorwurf, denn es*

hat mich glücklich gemacht), aber verdiene ich wirklich kein Wort?« Klagen dieser Art begleiten die Korrespondenz, die gleich nach Beginn mächtig anschwillt: Täglich, oft zweimal täglich gehen Briefe von Prag nach Berlin, eingeschriebene und Expreßbriefe, Telegramme auch, Karten, einmal Blumen als Nachtrag zu einem Brief, in dem er vorgeschlagen hatte, den Briefwechsel einzustellen.

Es dürften die seltsamsten, verwirrendsten Briefe sein, die je ein Mädchen bekommen hat. Franz Kafka bindet sich mit allen Mitteln an Felice, er klammert sich an sie wie an einen Rettungsring. Er ist ein Gefangener dieser Korrespondenz, und er macht das Mädchen zu seiner Gefangenen: beide Gefangene des Wartens auf Briefe, des Schreibzwangs, der Angst vor dem Ausbleiben von Antwort. Hat man diesen Briefband gelesen, versteht man besser, wie Franz Kafka den Roman »Der Prozeß« schreiben konnte (den er im Sommer 1914 begann): Das Wort »Verhaftung« gewinnt neuen Sinn, der Vorgang eines »Prozesses« füllt sich mit Wirklichkeit. Eines Prozesses, aus dem er manchmal auszubrechen versucht oder ausbrechen zu können glaubt – *»lassen wir alles, wenn uns unser Leben lieb ist«,* schreibt er schon am 11. November 1912 an Felice. Später zitiert er ihr, im Hinblick auf sie beide, eine Episode aus der Französischen Revolution: wie zwei Gefangene, durch ein Kettchen an den Handgelenken verbunden, das Schafott besteigen ...

Daß Felice Bauer so lange und so tapfer dem Irrsinn dieser Briefe standhielt, spricht für ihre Kraft – und freilich auch für das, was Kafka, sich selber charakterisierend, *»Unwiderstehlichkeit der Schwäche«* genannt hat. Da ihre Briefe an Kafka nicht vorliegen, ist wenig Verläßliches über sie zu sagen. Sie dürfte ein normales bürgerliches, im Beruf sehr tüchtiges Mädchen gewesen sein, das mit Franz Kafka, mit dem sie sich im Frühjahr 1914 verlobt hatte – schon im Sommer des gleichen Jahres wurde diese erste Verlobung gelöst –, ein normales Leben in einer *»familienmäßigen Wohnung«* führen wollte.

»Erbarmungslos«, so notiert er im Tagebuch unterm 24. Januar 1915, nach einer neuerlichen kurzen Begegnung mit ihr, bestehe jedes im stillen auf seinen Forderungen: Er wolle nur ein auf seine Arbeit zugeschnittenes Leben, *»sie will, stumpf gegen alle stummen Bitten, das Mittelmaß, die behagliche Wohnung ... reichliches Essen,*

Schlaf von elf Uhr abends an, geheiztes Zimmer«. Wobei es natürlich gut möglich ist, daß das Mädchen die bürgerlichen Erwartungen verstärkte, gerade weil Kafka, der nachts zu schreiben pflegte, ein normales Leben mit vernünftiger Tageseinteilung nicht führen konnte.

Die Ehe erstrebte auch Franz Kafka mit allen dafür zu mobilisierenden Kräften – aber dies war das Verlangen eines Menschen, der unverbrüchlich zur Einsamkeit verurteilt ist. Das Normale, Durchschnittliche erschien ihm als höchstes Ziel, weil er wußte, daß es jenseits seiner Möglichkeiten lag. *»Ich bin gierig nach Alleinsein, die Vorstellung einer Hochzeitsreise macht mir Entsetzen«*, heißt es in einem Brief an Max Brod vom September 1913. So konnte er sich zwar zweimal mit Felice verloben (und entloben) und allen mit einer Verlobung verbundenen bürgerlichen Konventionen Genüge zu tun versuchen, aber zuletzt ging es doch über sein Vermögen. Und am Ende, nach seinem Blutsturz im Jahre 1917, stellte sich ihm, wie er im Tagebuch vermerkt, die Lungenwunde als Sinnbild jener Wunde dar, deren Entzündung Felice hieß.

Natürlich kann man mit einigem Recht sagen, daß die Beziehung zu Felice zerbrach, weil Kafka in Wahrheit mit der Literatur verheiratet war. Vom »Schreiben« (als der Briefwechsel beginnt, arbeitet Kafka am »Amerika«-Roman) ist schon sehr bald die Rede: *»Meine Lebensweise ist nur auf das Schreiben hin eingerichtet, und wenn sie Veränderungen erfährt, so nur deshalb, um möglicherweise dem Schreiben besser zu entsprechen, denn die Zeit ist kurz, die Kräfte sind klein, das Bureau ist ein Schrekken, die Wohnung ist laut, und man muß sich mit Kunststücken durchzuwinden suchen, wenn es mit einem schönen geraden Leben nicht geht.«* Damit ist die Rivalin Felices genannt: die Literatur. Es gibt wenige Schriftsteller, die von ihr so beherrscht wurden, die ihr so viel geopfert haben wie Franz Kafka, für den Schreiben, wie er Felice sagt, die *»einzige innere Daseinsmöglichkeit ist«*. Da aber das Dasein nicht suspendiert werden kann, oder genauer: da Kafka sich so sehr auf diese einzige und eigentliche Daseinsmöglichkeit hin entworfen hatte, hätte er eigentlich unablässig schreiben müssen – so unablässig, wie die Gerichtsherren im »Prozeß« und die Beamten im »Schloß« ihrer Arbeit obliegen, wie der Poseidon eines kleinen Prosastücks die Bewegungen der Gewässer berechnet, ohne diese Gewässer je selber durcheilen zu können.

Aus äußeren und auch inneren Gründen war dies natürlich unmöglich. So häufen sich in den Briefen an Felice die Klagen über das Büro, das ihn gesundheitlich ruiniert und am Schreiben hindert, über seine Unfähigkeit zu schreiben, über sein Nicht-Schreiben. (*»Schrieb ich aber nicht, dann lag ich auch schon auf dem Boden, wert, hinausgekehrt zu werden«,* heißt es in einem Brief vom 1. November 1912 – wenig vor der Niederschrift der Erzählung »Verwandlung«, in der am Ende der in einen Käfer verwandelte Held buchstäblich aus seinem Zimmer »hinausgekehrt« wird.)

Von seinem Schreiben und seinen Arbeiten spricht Kafka in diesen Briefen ohne jede Eitelkeit, ohne jede Ruhmsucht – ein für einen Schriftsteller schon erstaunliches Phänomen. Entschlossen ist er jedoch, die Möglichkeit seiner Arbeit mit letzter Entschiedenheit zu verteidigen, auch und zumal gegen Felice, die, so scheint es, ihm einmal den Rat gegeben hat, bei seinem Schreiben »Maß und Ziel« nicht zu vergessen. Von rührender, in anderer Hinsicht natürlich auch schrecklicher Ahnungslosigkeit die Mutter Kafkas, wenn sie in einem Brief an Felice sagt, sie habe das Schreiben ihres Sohnes immer für einen »Zeitvertreib« gehalten. Übrigens hatte Felice ihm einmal auch geschrieben, sie wolle später, wenn er schreibe, neben ihm sitzen. *»Denke nur, da könnte ich nicht schreiben«,* erwidert ihr Kafka und entwickelt, welcher Abgeschiedenheit es zum Schreiben bedarf *(»die Nacht ist noch zu wenig Nacht«).* Später kommt er noch einmal darauf zurück: *»Ich brauche zu meinem Schreiben Abgeschiedenheit, nicht ›wie ein Einsiedler‹, das wäre nicht genug, sondern wie ein Toter, Schreiben in diesem Sinne ist ein tieferer Schlaf, also Tod . . .«* Aussagen, die viel von den Bedingungen enthüllen, unter denen allein die »ungeheuere Welt, die ich im Kopfe habe« (Tagebuch) ins literarische Werk treten konnte.

Seltsam berührt eine andere Briefstelle, wo er im Hinblick auf sein Schreiben von einem *»äußerst wollüstigen Geschäft«* spricht. Die Vermutung liegt nahe, daß für Franz Kafka beides nicht zu vereinen war: der »tiefere Schlaf« des Schreibens, in dem er sich grenzenlos öffnete für den Andrang seiner traumhaften Visionen, und jene andere »Angelegenheit der Nacht«, von der er später schaudernd

in einem der Briefe an Milena spricht (»für mich ein Abgrund, über den ich nicht hinwegkommen kann«) – als ließe das Dunkel des Schaffens, dem er sich überantwortete, das Dunkel des Geschlechts nicht mehr zu.
Daß der Briefwechsel mit Felice, die nach der förmlichen Anrede des Beginns bald *»Liebstes Fräulein Felice«*, *»Liebstes Fräulein«* und dann *»Liebste«* genannt wird, nach wenigen Wochen für lange Zeit eigentümlich quälend wird, ist nicht zu übersehen. Immer wieder ist in diesen Briefen von Briefen die Rede: von nicht eingetroffenen, von Stunde zu Stunde erwarteten Briefen Felices, von zu dürftigen oder solchen, die er mit Argwohn liest. Begriffen wird von Kafka allerdings auch, daß ein Briefwechsel dieser Art in die Irre führt: *»Gegenwart wird ja dadurch nicht erzeugt, aber ein Zwitter zwischen Gegenwart und Entfernung, der unerträglich ist.«* Ein anderes Mal wird ein großer Briefverkehr geradezu als Zeichen dafür verstanden, *»daß etwas nicht in Ordnung ist«*. Die Vertraulichkeit solcher Briefe – wer hätte Ähnliches nicht erfahren? – ist der Vertraulichkeit des direkten Umgangs voraus, die ausführliche Wirklichkeit wird übersprungen. So konnte Kafka später, in einem der letzten Briefe an Milena, schreiben, alles Unglück seines Lebens rühre von Briefen her oder von der Möglichkeit des Briefeschreibens.
Quälend müssen diese Briefe für Felice aber auch darum gewesen sein, weil es in ihnen, wie auch bei persönlichen Begegnungen, keineswegs nur darum ging, die Erfordernisse der Arbeit gegen die Hoffnungen eines gewiß oft ratlosen Mädchens mit rationalen Argumenten zu verteidigen. Die Unmöglichkeit einer menschlichen Beziehung war tiefer begründet. Elias Canetti hat einmal eine »merkwürdige Verstocktheit« die »größte Gabe« Franz Kafkas genannt. Eine Gabe, die es ihm erlaubt habe, »das Kettengetriebe der Gebote, die von Vätern zu Söhnen immer weiter heruntergereicht werden, zu unterbrechen«. Im seelischen Bereich war diese »Verstocktheit« heillos. Hier stellte sie sich oft als schiere Unmöglichkeit dar, mit anderen Menschen zu sprechen und zu leben, sich aus einer rätselhaften Stumpfheit zu lösen (den Wörtern »stumpf« und »Stumpfheit« zur Charakterisierung des eigenen Zustandes begegnen wir nicht nur in den Felice-Briefen, sondern zumal auch im Tagebuch mit auffallender Häufigkeit).

Im Zusammenhang mit dieser »Stumpfheit« steht das immer wieder auftauchende Bedürfnis, sich und auch den Partner zu quälen. Im Schmerz kommt auch der Erloschene wieder zum Bewußtsein seines Lebens; in der Veränderung, die der Schmerz bewirkt, liegt Hoffnung – und sei es die, daß einer, wie der Delinquent der »Strafkolonie« unter der folternden Hinrichtungsmaschine, seine Schuld begreift. Und schrecklich zu sagen: Inspirierter als die Sprache der Liebe, die von Franz Kafka manchmal fast bemüht gesprochen wird, tönt die Sprache der Klage, der Verzweiflung, der Hoffnungslosigkeit. Wobei freilich wahr ist (auch Kafka weiß und spricht es zuweilen aus), daß der Schmerz oft nicht so groß ist, wie die Klage glauben läßt: *»Es hat sich ... eine Übung im Klagen bei mir entwickelt, so daß mir der Klageton wie den Straßenbettlern immer zur Verfügung steht ...«* Im Klagen gleitet die Feder aus und übertreibt – in gewisser Hinsicht ist ja alles Schreiben ein Übertreiben.

Allerdings kommt es darauf an, den spezifischen Sinn dieses »Übertreibens« zu fassen. Bei Kafka, auch das machen diese Briefe deutlich, bedeutet dieses Übertreiben ein Vorauslaufen in eine Zukunft, die mit all ihren Schrecken kommen wird. Das Künftige rührt ihn an, wenn er in einem frühen Briefe an Felice schreibt: *»Vor einiger Zeit stand auf einem Korridor, über den ich immer zu meinem Schreibmaschinisten gehe, eine Bahre, auf der Akten und Drucksorten transportiert werden, und immer wenn ich an ihr vorüberging, schien sie mir vor allem für mich geeignet und auf mich zu warten.«* Eine menschliche Beziehung, die diese authentische Vision nicht bannen konnte, mußte wohl mit einem Fiasko enden. Stärker als die Tendenz zur Verankerung im Irdischen – für sie steht Felice – war der Sog des Untergangs. Das letzte Wort Kafkas an Felice, schneidend und unwiderruflich, gilt dem Frieden, den es hier nicht gibt: *»Hier ist der Friede wohl nur jener, den man der Asche wünscht.«*

Gewiß haben diese Briefe auch hellere Aspekte. Groß ist ihr Reichtum an Gedanken, an aufblitzender Genialität, an Bekundungen eines Lebens, das schlicht und exzeptionell in einem war wie kaum ein anderes. Auch fehlt es nicht an Zeugnissen zartesten menschlichen Mitgefühls und zuweilen auch jenes Humors, der wie die andere, lichte Seite der Verzweiflung ist. Und von vollkommener Lauterkeit ist die Sprache dieser Briefe auch dann noch,

wenn ihr Schreiber von der trüben Qual des Bürolebens und den undurchsichtigen Hemmnissen seiner Natur spricht, die ihm jedes unbefangene Wort verwehre.
Der Band ist unschätzbar für die Biographie Franz Kafkas. Wie Kafka als Mensch, als Partner war, erfahren wir hier ausführlicher als in den späteren Briefen an Milena, die freilich, wohl auch dank der anderen Partnerin, entflammter, glühender sind, fast möchte man sagen: wahnsinniger. In den Briefen an Felice wird das Terrain ausgeschritten, die Verzweiflung entworfen, die Selbstzerstörung in Gang gebracht – »die systematische Zerstörung meiner selbst im Laufe der Jahre«, wie er später im Tagebuch schreiben wird.
Manches erfahren wir nur aus diesen Briefen. Beispielsweise die Kafka eigentümliche Abneigung, seinen Namen zu schreiben *(»Ich sehe meinen Namen nicht gern geschrieben«)*, erkenntlich auch daran, daß die Unterschrift immer kürzer wird, bis manchmal nur ein *»Dein«* dasteht, womit dann zugleich ausgedrückt wird, wie ganz er Felice gehört oder gehören möchte. Denkbar übrigens, daß diese Abneigung nicht nur wiederkehrt in der Verkürzung »Josef K.« im »Prozeß«, »K.« im »Schloß«, was ein Indiz mehr ist für den autobiographischen Gehalt dieser Romane, sondern, verstärkt, auch in der Bitte an Max Brod, den Nachlaß an Manuskripten, Tagebüchern, Briefen zu vernichten. Wer schon zu Lebzeiten seine Spur weitgehend löschen möchte – jene Spur, zu der man kraft der Unterschrift sich bekennt –, will nach dem Tode nichts zurücklassen: ein Rauch aus verbrennenden Papieren, der in der Luft verweht. (Daß in der Bitte, den Nachlaß zu vernichten, auch Selbstdestruktives wirksam ist, steht gewiß außer Zweifel: Die eigentliche Rechtfertigung dieses Lebens, die hervorgebrachte Literatur nämlich, soll zerstört werden. So vereinen sich in dieser Bitte an Max Brod gegen sich selbst gerichtete Destruktion und Demut – eine Verbindung, die auch sonst Kafka nicht fremd ist.)
Der von Erich Heller und Jürgen Born sorgfältig edierte Band enthält ungekürzt alle erhaltenen Briefe und Karten Kafkas an Felice, ferner zahlreiche Briefe Kafkas an Grete Bloch, eine Freundin Felices, die zwischen den beiden vermitteln sollte und deren Rolle bei der ersten Entlobung nicht ganz durchsichtig wird. (Sehr merkwürdig übrigens, daß auch in dieser Korrespondenz mit Grete Bloch Kafka fast ein Werbender, im Grunde ein Verführer ist – man

erinnert sich des Vorwurfs, den im »Prozeß« der Gefängniskaplan dem Helden Josef K. macht: »Du suchst zuviel fremde Hilfe, und besonders bei Frauen.«) Aufgenommen wurden außerdem einige Briefe Kafkas an die Eltern von Felice und mehrere Briefe von Kafkas Mutter. Als verschollen müssen die Briefe Felices an Kafka gelten. Enttäuschend und ärgerlich ist die umfangreiche, mit literarischen Kenntnissen und Reminiszenzen überfrachtete Einleitung von Erich Heller: Sie versagt vor der konkreten Gestalt Franz Kafkas und demonstriert aufs neue, daß Literarhistoriker gerne wortreich über jene Abgründe schreiben, in welche die anderen hinabsteigen. [1968]

Scheu vor definitiven Entscheidungen
Walter Benjamin »Briefe«

In den Vexierbildern und Miniaturen der »Einbahnstraße« hat Walter Benjamin an einer Stelle die Verwandlung festgehalten, der der Abschiednehmende unterliegt. Es heißt: »Wie der Abschiednehmende leichter geliebt wird! Weil die Flamme für den Sichentfernenden reiner brennt, genährt von dem flüchtigen Streifen Zeug, der vom Schiff oder Fenster des Zuges herüberwinkt. Entfernung dringt wie Farbstoff in den Verschwindenden und durchtränkt ihn mit sanfter Glut.«

Gedacht wird in diesen Sätzen nicht an den definitiven Abschied, den Tod, aber nichts hindert uns, ihn in diese Aussage Walter Benjamins einzubeziehen, der sich im September 1940, auf der Flucht vor den faschistischen Schergen, an der spanischen Grenze das Leben nahm. Eine zeitliche Entfernung von über einem Vierteljahrhundert trennt uns von diesem Verlust; ein Vierteljahrhundert, in dem der unter dem Faschismus fast verschollene Name neu erstrahlte, eine zweibändige Ausgabe seiner Schriften erschien, Werke in Einzelausgaben, eine erste Dissertation, in der Rolf Tiedemann die Philosophie Walter Benjamins behandelt. Diese Publikationen machten seit langem deutlich, daß mit dem Essayisten, Kritiker, Dichter und Übersetzer Walter Benjamin der wohl genialste »Literator« zwischen den Kriegen dahingegangen war. Als einen Abschiednehmenden, als einen, den Entfernung wie mit sanfter Glut durchtränkt, läßt Walter Benjamin jedoch erst die zweibändige Edition seiner »Briefe« erscheinen. Diese Zeugnisse stellen den Menschen vor uns hin – einen Menschen, der schon als junger Mann schrieb, daß etwas ihn »mit planetarischer Geschwindigkeit von allen Menschen löste«.

Dieses Detachierte, Entrückte und leise Entfremdete fällt an nicht wenigen dieser über dreihundert Briefe auf, die von den Herausgebern Gershom Scholem und Theodor W. Adorno aus etwa sechshundert erhaltenen ausgewählt, eingeleitet und knapp kommentiert wurden. Daß Walter Benjamin der eigenen Physis entfremdet schien, daß ein fast Körperloses ihn ausgezeichnet habe, stellt Adorno in seinem das Wesen Benjamins tief erfassenden Vorwort

fest. Auch mag man es als aufschlußreichen Zufall ansehen, daß in einem Brief an den Jugendfreund Herbert Belmore ein Gedicht Benjamins mitgeteilt wird, das mit dem Vers beginnt: »Entfremdetes Land liegt voller Provinzen.« Leben drückt sich selten unmittelbar in diesen Briefen aus: Leben in seiner Dumpfheit, als animalischer Vorgang, Leben mit seinen Stimmungen, Aufschwüngen und Verzweiflungen. Wohl ist in den Briefen mehrmals von wiederkehrenden tiefen Depressionen die Rede; aber von diesen Depressionen ist eben auch nur die Rede – kein Brief ist direkter Ausdruck einer solchen Depression.
Wer also die spontane Mitteilung, die breite und farbige Dokumentation eines Lebens sucht, kommt bei der Lektüre der Benjamin-Briefe kaum auf seine Rechnung. Schon die erste Epistel der Sammlung – Benjamin ist gerade achtzehn Jahre alt, und man schreibt das Jahr 1910 – mutet recht literarisch an. Noch im letzten Brief, am 2. August 1940 in fast verzweifelter Situation aus Lourdes an Adorno gerichtet, stehen die Sätze: *»Ich hoffe, daß ich Ihnen bisher den Eindruck gegeben habe, auch in schwierigen Augenblicken gefaßt zu bleiben. Glauben Sie nicht, daß sich das geändert hat.«*
Ob die Briefe an die Eltern und Geschwister – Hilde Benjamin, Justizminister der DDR, ist übrigens die Frau seines Bruders, der im KZ umgekommen ist –, an seine Frau Dora, von der er später geschieden wurde, an seine Freundin Asja Lacis, an Ernst Bloch, Bertolt Brecht und andere diesen Eindruck wesentlich korrigieren würden, muß dahingestellt bleiben; denn diese Briefe sind nicht erhalten oder – wie vielleicht die an die »bolschewistische Lettin« Asja Lacis, die heute in Moskau lebt – möglicherweise nur nicht zugänglich. Es kann also sein, es ist sogar wahrscheinlich, daß die vorgelegten dreihundert Briefe den Menschen Walter Benjamin nicht vollständig repräsentieren. Eine Vermutung, die durch die Tatsache bestärkt wird, daß Benjamin Ton, Gestus und Art der Mitteilung, wie sich an den vorliegenden Briefen studieren läßt, stark auf den jeweiligen Adressaten abgestellt hat. Gerade die Briefe an Frauen dokumentieren das: Sie sind, was das Persönliche betrifft, mitteilsamer, natürlicher auch und anmutiger als etwa die vorwiegend sachbezogenen Briefe an den Freund Gershom Scholem, an Adorno oder die verehrungsvollen an Hofmannsthal, der übrigens zu den frühen Bewunderern Benjamins gehörte und dessen herr-

lichen Aufsatz über die »Wahlverwandtschaften« in seinen *Neuen Deutschen Beiträgen* veröffentlicht hat.
Denkbar auch, daß die durch die Umstände bedingte relativ geringe Zahl der Adressaten zuweilen im Leser eine gewisse Ermüdung bewirkt; die Jugendbriefe sind zum Teil sogar enttäuschend. Benjamin, ein Schüler und, bis zum Bruch, fast ein Freund Gustav Wynekens, war als Student sehr intensiv in der Jugendbewegung tätig und schrieb, unter einem Pseudonym, für die Zeitschrift *Der Anfang*. Aber die langen Mitteilungen über diese Dinge, die Benjamin ungeheuer ernst nimmt, sind so interessant nicht mehr – hier wäre vielleicht auf einiges zu verzichten gewesen. Sehr aufschlußreich allerdings, daß Benjamin in jenen Jahren vor dem Ersten Weltkrieg die später vom Faschismus diskreditierte Figur des »Führers« viel bedeutet hat; daß er einmal von dem Glück spricht, *»im Bewußtsein eines Führers«* – eben Gustav Wynekens – aufgewachsen zu sein.
Schroff hat er sich freilich von diesem Führer abgewandt, als dieser 1914 ein Apologet des Krieges wurde. Daß sich Benjamin selber als Kriegsfreiwilliger gemeldet hat, aber für untauglich befunden wurde, dokumentieren die Briefe nicht. Mit Verblüffung aber nimmt man zur Kenntnis, daß in all den Briefen aus jenen Jahren – von 1917 an lebte Benjamin mit seiner Frau Dora in der Schweiz – von der politischen Situation und dann vom Krieg mit keinem Wort die Rede ist. Diese erstaunliche Tatsache ist auf Grund der Briefe nicht einwandfrei zu deuten; vieles mag dafür verantwortlich sein. Nicht zuletzt wohl auch der Umstand, daß Walter Benjamin als Jude ganz bewußt zu deutschen politischen Angelegenheiten schwieg, wie aus einem Brief aus dem Jahre 1923 an Florens Christian Rang hervorgeht, wo er der Überzeugung Ausdruck gibt, *»daß in den furchtbarsten Augenblicken eines Volkes einzig die zu reden berufen sind, die ihm angehören . . .«*
Aussagen wie diese geben einer frühen in der *Neuen Rundschau* entwickelten Interpretation Benjamins durch Gershom Scholem Gewicht, in der die These vertreten wurde, daß Benjamin – wie auch Kafka und Freud – der Illusion nicht anhing, zum Deutschtum oder zum deutschen Volk zu gehören. Ganz von der Hand zu weisen ist diese Deutung keineswegs, auch wenn man berücksichtigt, daß Walter Benjamin überhaupt wenig Begabung und Neigung hatte, irgendeinem Kollektiv anzugehören (nur

eine Zeitlang, Mitte der zwanziger Jahre, spielte er mit dem Gedanken, in die kommunistische Partei einzutreten).

Einigermaßen deutlich machen die Briefe Benjamins Stellung zum Judentum, auch zum Zionismus. *»Das Problem des jüdischen Geistes ist einer der größten und beharrendsten Gegenstände meines Denkens«,* heißt es 1916 in einem Brief an Martin Buber, der Benjamin zur Mitarbeit an einer von ihm herausgegebenen Zeitschrift aufgefordert hatte. Das mag der Wahrheit nahekommen, obschon angesichts dieses Bekenntnisses auch der Adressat zu berücksichtigen ist. Aber unüberhörbar ist die in dieser Mitteilung auch sich verratende Distanzierung: Was Problem des Denkens ist, darin lebt man nicht unmittelbar, dem gehört man nicht mit Leib und Seele an. Bemerkenswert überdies, daß Benjamin, wohl nach wiederholten Anregungen Gershom Scholems, nur einen einzigen, bald abgebrochenen Versuch gemacht hat, Hebräisch zu lernen; daß immer wieder Palästina-Reisen geplant wurden, Benjamin sich aber nie eingeschifft hat. Am Ende mußte auch Scholem, der 1923 nach Jerusalem gegangen war, resignieren – in einem der wenigen in dem Band abgedruckten Briefe Scholems (die Mehrzahl ruht in einem Archiv in Potsdam) heißt es: »Ich bin ja gewiß der Mensch, der es mit Fassung und vielleicht auch leidlichem Begreifen ertragen wird, wenn sich herausstellt, daß Du in diesem Leben nicht mehr mit einer wirklichen Begegnung mit dem Judentum außer im Medium unserer Freundschaft rechnen kannst und rechnest.«

Benjamin entzog sich der Werbung des berühmten Zionisten durch hinhaltenden leisen Widerstand. Wie er denn überhaupt äußeren Entscheidungen und Bekenntnissen, die man ihm abverlangte, gern auswich. Der dialektische Materialismus etwa, dem er sich – stark beeinflußt von der russischen Revolutionärin aus Riga, Asja Lacis *(»eine der hervorragendsten Frauen, die ich kennengelernt habe«),* und dann von Brecht – in späteren Jahren zuwandte, war für ihn kein Dogma, sondern eine Methode, die er um ihrer Fruchtbarkeit willen adaptierte – in der Auseinandersetzung wiederum mit Scholem, der Benjamins Zuwendung zum Marxismus beklagte, antwortete er ausweichend und gibt zu verstehen, daß er von dogmatischen Alternativen wenig halte.

Erfahren wir aus diesen Briefen viel vom äußeren Leben

Benjamins und seinen Bezügen zur Welt? Nur mit Einschränkung ist diese Frage zu bejahen. Benjamin war wohl überhaupt nicht die Gebärde dessen eigen, der energisch in die Welt aus- und eingreift; deren landläufige Kategorien und Übereinkünfte waren nicht die seinen. Schreiben, auch als Tätigkeit der Hand lustbetont – von Abschriften, Exzerpten ist gern die Rede – ging allem voran. Jean Selz, ein französischer Schriftsteller, der Benjamin 1932 auf Ibiza kennengelernt hatte, fixierte in einem Aufsatz über ihn (in der *Neuen Zürcher Zeitung* vom 8. Oktober 1961) diesen Aspekt: »Von seinen unzähligen Heftchen verwendete er eines für seine Notizen, in ein anderes schrieb er die Titel der Bücher, die er gelesen hatte, und ein drittes war für Auszüge aus seiner Lektüre, die er einmal als Motto verwenden wollte, bestimmt ... In allem, was seine Arbeit betraf, war er besessen wie kein anderer. Und was gab es, das nicht seine Arbeit betroffen hätte? Er schien außerstande zu sein, sich für irgend etwas zu interessieren, das nicht seiner literarischen Tätigkeit zugute kam. In dieser Hinsicht kann man Walter Benjamin als den vollendeten Typus des ausschließlich intellektuellen Menschen betrachten.«

Von subtilster Intensität war Benjamins fast lautlos wirkendes Denken eben darum: weil er von so vielem absah; weil er, insistierend auf dem scheinbar Entlegenen und Momentanen, jäh ins Herz seiner Gegenstände zielte; weil, einem Wort Adornos zufolge, was er »sagte und schrieb, klang, als käme es aus dem Geheimnis«. Der Gestus des Esoterikers war ihm nicht fremd – auch manche Briefe bezeugen das –, obschon sein Denken keiner Geheimlehre verpflichtet war. Seine nicht selten schroffen, im herkömmlichen Sinne auch ungerechten Urteile über andere sind zum Teil wenigstens so zu verstehen. »Für Scheler hegten er und Scholem den Spott jüdisch-theologischer Tradition gegen die Auferstehung der Metaphysik auf dem Markt«, schrieb Adorno in der Einleitung zu Benjamins »Schriften«. In den Briefen fallen harte Urteile über Borchardt, ist von einer tiefwurzelnden Abneigung gegen Martin Buber die Rede, wird Blochs »Geist der Utopie« scharf gerügt und Elisabeth Langgässer als »Kunstgewerblerin« charakterisiert.

Häufig werden vernichtende Urteile nicht einmal begründet, sondern nur in autoritativem Ton vorgebracht. Dennoch wäre es abwegig, hier von Anmaßung und Hochmut zu sprechen. Walter Benjamins Position war exzentrisch; sein Denken nicht, wie etwa das Thomas Manns, unendlich geschärfter allgemeiner Menschenverstand. Wahr in einem spezifischen Sinn ist noch sein Falsches, weil er durchdrungen ist von dem Bewußtsein, daß es verschiedene Weisen der Auslegung, »*Hierarchien des Sinns*« gibt. Oder wie er an Max Rychner schrieb: »*Und wenn ich es denn in einem Worte aussprechen soll: ich habe nie anders forschen und denken können als in einem, wenn ich so sagen darf, theologischen Sinn – nämlich in Gemäßheit der talmudschen Lehre von den neunundvierzig Sinnstufen jeder Thorastelle.*«

Was macht die Briefe Walter Benjamins zu Zeugnissen, über die wir uns mit gesammelter Aufmerksamkeit und einer nicht alltäglichen Erregung beugen? In einem Brief des Einundzwanzigjährigen heißt es: »*Jung sein heißt nicht so sehr dem Geist dienen, als ihn erwarten.*« Später, relativ früh, verschwinden Aussagen dieser Art, in denen gleichsam der Geist weht, ohne sich noch streng an die Sachen gebunden zu haben. Es verschwinden Pathos und gelegentlicher Dunst; es bleibt, mit Benjamin zu reden, die tiefste Einsamkeit eines Menschen in der Beziehung zur Idee, »*die sein Menschliches vernichtet*«. Diese Vernichtung, die hier ein anderes Wort für die Auferstehung und Ermächtigung des Geistes ist, gehörte zu Benjamins Geschick – ein Wort des Angelus Silesius, das er in einem der frühen Briefe zitiert, muß ihn tief getroffen haben: »Der Regen fällt nicht ihm, die Sonne scheint nicht ihr / du auch bist anderen geschaffen und nicht dir.« Wobei zu vergegenwärtigen wäre, daß für Benjamin die »anderen«, auch wenn er der Freundschaft, der intensiven Anteilnahme an fremdem Geschick fähig war, wesentlich geistige Gehalte bedeuteten, denen er sich überantwortet hat.

Überschaubar machen die Briefe die ständig wechselnden äußeren Stationen dieses Lebens – Walter Benjamin ist leidenschaftlich gern gereist. Früh schon wurde Paris, nach der Geburtsstadt Berlin, die bevorzugte Metropole, der auch sein großes, Torso gebliebenes Werk, die »Passagen-Arbeit« zugedacht war. Möglich sogar, daß diese Liebe zu Paris ihm zum Verhängnis wurde: Benjamin, ohnehin kein Mann schneller Entschlüsse, konnte sich von der Stadt und ihrer – für seine Arbeit unerläßlichen – *Bibliothèque Nationale* nicht trennen. Nach Ausbruch des Krieges mußte er für einige Wochen in ein »Arbeits-

lager« bei Nevers, durfte dann, sehr erschöpft schon, noch einige Zeit in Paris verbringen. Die dann doch notwendig gewordene Flucht nach Spanien, in die Freiheit mißlang; der schon erwähnte letzte Brief an Adorno gibt ein Bild seiner Situation: »*Ich bin verurteilt, jede Zeitung wie eine an mich ergangene Zustellung zu lesen und aus jeder Radiosendung die Stimme des Unglücksboten herauszuhören.*«
Gerichtet sind die Briefe an Jugendfreunde, sehr viele an Gershom Scholem, an den gleichfalls heute in Jerusalem lebenden Schriftsteller Werner Kraft – nur ein Teil davon ist erhalten – und an einige Mädchen und Frauen; einige wenige an Bertolt Brecht, den er nach 1933 zweimal in Svendborg in Dänemark besuchte und der auf Benjamins späte Schriften einen bestimmenden Einfluß ausgeübt hat (in einem Brief vom 20. Oktober 1933 heißt es: »... *daß mein Einverständnis mit der Produktion von Brecht einen der wichtigsten, und bewährtesten, Punkte meiner gesamten Position darstellt*«); später dann zahlreiche Briefe an Theodor W. Adorno und Max Horkheimer, die von Amerika aus zuletzt die Rettung Walter Benjamins betrieben.
Es überwiegen die auf die Sachen bezogenen Mitteilungen, die gelegentlich den Charakter kleiner Exkurse annehmen: luzide Anmerkungen etwa zu eigenen Arbeiten, zu philosophischen und vielen anderen Problemen, zu Stifter, zu Kafka; eine souveräne Abfertigung wird der Kafka-Biographie von Max Brod erteilt. Spürbar ist fast immer den Adressaten gegenüber eine gewisse Distanzierung, eine mehr oder minder große Förmlichkeit des Umgangs: Nichts von überströmendem Gefühl, von Seelenlärm. Selbst in den Jahren der Emigration, als Benjamin, zumeist in Paris, vereinsamt und unter den schwierigsten äußeren Bedingungen seine Arbeit fortführte, finden wir kaum ein Wort der Klage; in wenigen Sätzen, mit ergreifender Sachlichkeit und illusionslos, gibt er Kunde von seiner Situation. Von unüberbietbarer Treffsicherheit manchmal eine sarkastische Wendung; so wenn er im Februar 1933 – noch aus Berlin – an Scholem schreibt: »*Das bißchen Fassung, das man in meinen Kreisen dem neuen Regime entgegengebracht hat, ist rasch verbraucht, und man gibt sich Rechenschaft, daß die Luft kaum mehr zu atmen ist; ein Umstand, der freilich dadurch an Tragweite verliert, daß einem die Kehle zugeschnürt wird.*«
Hochinteressant und merkwürdig sind zwei große Briefe

Adornos an Benjamin, die in die Sammlung aufgenommen wurden. In beiden werden Arbeiten Benjamins kritisiert: ein Exposé der sogenannten Passagen-Arbeit, später eine erste Fassung des Baudelaire-Aufsatzes. Schwerlich ließen sich scharfsinnigere Anmerkungen – eigentlich schon fast Aufsätze – zu Arbeiten anderer vorstellen: Die Schwäche Benjamins, gerade wenn er marxistisch vorzugehen glaubt, wird evident dargetan. Trotzdem wird man bei der Lektüre dieser Briefe – den ersten scheint Benjamin nicht direkt beantwortet zu haben – ein Gefühl der Beklemmung nicht los. Hier wird mit höchster Intelligenz gegen einen argumentiert, der fast schon um sein Leben kämpft. Und unverkennbar ist auch, daß Benjamin, der übrigens Hegel kaum kannte, beziehungsweise verkannte (1917 nennt er ihn einen »*intellektuellen Gewaltmenschen*«), in diesem Gespräch auf gleicher Ebene der Abstraktion schwerlich replizieren konnte. Seine eigene Produktion entwuchs tieferen, auch dunkleren Gründen: Gründen, von denen diese Briefe viel ahnen lassen.

[1967]

Erfahrung als Passion
Elias Canetti »Die Stimmen von Marrakesch«

Bei der Lektüre der »Stimmen von Marrakesch« – Aufzeichnungen von einem Aufenthalt in dieser marokkanischen Stadt – mußte ich plötzlich an experimentelle Literatur denken. Ein Kontrastgedanke, sozusagen; denn dieses bis zum Rande mit Leben gefüllte Buch hat mit literarischen Experimenten überhaupt nichts zu schaffen, was die Leser erstaunen mag, die sich an Canettis Roman »Die Blendung« und an seine Dramen erinnern. Nach der Lektüre der »Stimmen« überflog ich ein Interview Horst Bieneks mit Canetti, in welchem dieser sich u. a. über die Eigenschaften des Schriftstellers, Romanciers oder Dramatikers geäußert hatte, und ich las: »Um die ungeheure Vielfalt des Vorhandenen zu spüren und zu erfassen, darf er sich keiner der üblichen Klassifizierungen und Gruppierungen verschreiben . . . Er muß sehr vieles mit Passion aufgenommen haben, bevor er sich an Experimente wagt.«

Es ist diese Passion des Aufnehmens, die das neue Buch Canettis vor allem auszeichnet. In dieser Hinsicht, nicht in zeitlicher, rangieren die »Stimmen von Marrakesch« vor der kühnen Konstruktion der »Blendung« und den Reflexionen der großen Untersuchung »Masse und Macht«, obschon auch deren Überlegungen immer vom konkreten Phänomen ausgehen und auch darauf bezogen bleiben. Hier, in dem Marokkobuch, dominiert die Unmittelbarkeit der Erfahrung: Der Autor durchstreift die Stadt, erzählt von seinen »Begegnungen mit Kamelen« – man wird diese Episode nicht leicht wieder vergessen –, besucht die Läden der Suks, lauscht fasziniert den Rufen der bettelnden Blinden, wandert durch das Judenviertel der Stadt, beobachtet die Erzähler und Schreiber auf dem Markt, steht gebannt unter einem Haus, hinter dessen vergittertem Fenster eine unverschleierte Frau, eine Wahnsinnige, redend ihre Zärtlichkeit verströmt, lernt die Mitglieder einer jüdischen Familie kennen, blickt vom Dach eines Hauses über die schwalbenüberflogene Stadt, berichtet von Ginette, die in einer kleinen französischen Bar auf jemanden wartet, der sie in die Welt mitnimmt . . .

Vierzehn Episoden und Geschichten, ein Buch von kaum

mehr als hundert Seiten, und fast so schwer zu charakterisieren wie das Werk eines Klassikers. »Es war Abend, der rote Glanz auf der Mauer war am Verlöschen. Ich behielt die Mauer, solange ich konnte, im Auge und freute mich an dem allmählichen Wechsel ihrer Farbe.« Canettis Sprache ist frei von der Beschreibungswut jener, die ihren Verlust an Welt durch ein enormes Aufgebot an Wörtern wettmachen müssen. Auch ein Übermaß an optischer Genauigkeit wird nicht angestrebt – »diese sanften kurvenreichen Tiere«, heißt es von den Kamelen, die nach einem Marsch von 25 Tagen vor ihrem Futter knien und auf die der Schlächter schon wartet. Oder wie Minarette beschrieben werden: Ein paar knappe Angaben über ihre Form, und dann steht der Satz da: »Sie sind eher wie Leuchttürme, aber von einer Stimme bewohnt.«

Klassisch möchte man den Weltbezug dieser Prosa nennen, weil ihr Autor mit so unbeirrbarer Kraft auf die Menschen, Tiere und Gegenstände von Marrakesch blickt, ohne daß die Subjektivität des Schauenden sich je in den Vordergrund drängte. Diese Subjektivität wird aber auch nicht ausgespart, was ja auch etwas Künstliches und Gewaltsames hätte. Hier antwortet auf die Welt nicht das Auge allein, nicht nur das Ohr oder die Sensibilität des Ästheten, sondern, wenn man das kraftlose Wort nicht scheute, der ganze Mensch. Wohl heißt es in dem Kapitel »Die Rufe der Blinden«, daß man auf Reisen alles hinnimmt, weil es neu ist – »gute Reisende sind herzlos«. Aber damit hat sich der Reisende, dem wir diese Marokkoaufzeichnungen verdanken, nur zum Teil angemessen charakterisiert, obgleich er ein guter, ja, ein genialer Reisender ist. Gewiß nimmt er alles hin, den Schmerz der Kreatur, die Armut der Bettler, die Gemeinheit eines französischen Restaurantbesitzers, der mit saftigem Behagen berichtet, wie Kameraden von ihm eine Prostituierte bei der Ausübung ihres Gewerbes bestohlen haben: der Autor verschließt sich keiner Schrecklichkeit, keiner Infamie, keiner Variante des menschlichen Daseins. Unüberhörbar aber ist auch das Erbarmen, der Schlag des sich nicht entziehenden Herzens, die Verachtung der Schändlichkeit; übrigens auch eine gewisse Ungeduld angesichts der Dummheit.

Die »Stimmen von Marrakesch« sind alles andere als das Buch eines Touristen auf der Suche nach Sehenswürdigkeiten – der Tourist ist die moderne Karikatur des Reisenden. Der wahre Reisende überläßt sich dem fremden Leben um ihn wie ein Schwimmer dem Meer. Er ist ein Fremder in einer anderen Welt, aber er vergißt nicht, daß auch das Fremdeste, dem er begegnet, eine Möglichkeit des Daseins, auch des eigenen, ist. So durchstreift er die Straßen und Viertel der Stadt wie einer, der wie im Traum sich selber begegnen könnte: jenem, der er auch sein könnte, wenn eine andere Fügung ihn in diese Welt verschlagen hätte. Beispielsweise in die Mellah, ins Judenviertel von Marrakesch, wo die Händler ihre Waren feilbieten und die Vorübergehenden mit raschem, intelligentem Blick prüfen. Und nur dem wahren Reisenden kann es passieren, daß er nirgendwo, etwa auf einem kleinen Platz mit einem Brunnen inmitten der Mellah, plötzlich verzaubert innehält und nicht mehr weiter kann, weil er das Gefühl hat, nach langer Wanderung ans Ziel seiner Reise gekommen zu sein. »Ich mochte nicht mehr weg von hier, vor Hunderten von Jahren war ich hier gewesen, aber ich hatte es vergessen und nun kam mir alles wieder. Ich fand jene Dichte und Wärme des Lebens ausgestellt, die ich in mir selber fühle. Ich *war* dieser Platz, als ich dort stand.«

Augenblicke des Glücks, der Entrückung. Vielleicht kann nur einer, der solche Augenblicke kennt, sich ganz der Erfahrung überlassen, vorurteilslos und ohne Angst, sich zu verlieren. Wobei der eigentümliche Zauber dieses Buches darin besteht, daß hier der Reisende, der die Stadt durchstreift, deren Leben nicht fixiert, wie es dem reinen Beobachter so häufig geschieht. Hier geht das Leben weiter, das ununterbrochene Drama: ein blinder Bettler kaut die geschenkte Münze wie eine Hostie, die Brotverkäuferinnen berühren immer wieder die duftenden Brotlaibe, die Schreiber lauschen den Worten, um daraus Sätze und Briefe zu formen. Spürbar ist allenthalben, daß hier nicht ein Reiseschriftsteller, sondern ein ursprünglicher Erzähler berichtet, der sich noch den Erzählern verwandt fühlt, die in Marrakesch inmitten einer faszinierten Schar ihre Geschichten vortragen – »Sie erschienen wie ältere und bessere Brüder von mir. In glücklichen Augenblicken sagte ich mir: Auch ich kann Menschen um mich versammeln, denen ich erzähle; auch mir hören sie zu.«

Wer die »Stimmen von Marrakesch« gelesen hat, kann dem nur beipflichten. [1968]

Stationen eines Intellektuellen
Jean Améry »Unmeisterliche Wanderjahre«

In seinem neuen Buch »Unmeisterliche Wanderjahre« macht sich Jean Améry einmal Gedanken darüber, wie sich der Monopolkapitalismus der westlichen Welt auch im intellektuellen Gesellschaftsspiel unserer Zeit widerspiegelt. *»Der Name«*, so sagt er, *»wird zum Gütezeichen, nach welchem man kauft. Er ist am Ende vergleichbar dem Riesenunternehmen, das alle anderen der gleichen Branche verschluckt.«*

Man wird nicht behaupten dürfen, daß der 1912 in Österreich geborene und seit seiner Befreiung aus dem KZ in Brüssel lebende Schriftsteller und Publizist Jean Améry auf der intellektuellen Bühne der Gegenwart einem solchen Riesenunternehmen vergleichbar sei. Leser von Zeitschriften und der ›Zeit‹ kennen seinen Namen und schätzen die Stringenz seiner Urteile, die Unbestechlichkeit seines Denkens, die brillante Schärfe und die moralische Redlichkeit seiner Sprache. Aber wie viele Menschen in Deutschland haben seine schmalen und doch so gewichtigen Bücher »Jenseits von Schuld und Sühne« und »Über das Altern« gelesen? Allerspätestens aber müßte sich jetzt, mit der Veröffentlichung seines dritten Buches das Blatt wenden, soll die deutsche literarische Öffentlichkeit nicht an Glaubwürdigkeit einbüßen. Die Rezeption dieses Buches ist unerläßlich für jeden, der sich für die geistige Situation unserer Epoche interessiert und für den erregenden Prozeß der Auseinandersetzung eines einzelnen mit dieser Epoche. Die unverwechselbare Stimme Jean Amérys, in der sich Trauer, Zorn und Resignation eigenartig mischen, muß weites Gehör finden.

Gesehen und gedeutet wird in den »Unmeisterlichen Wanderjahren« die Epoche – und das heißt hier die Zeitspanne von etwa 1930 bis 1970 – durch die Optik der eigenen Erfahrung; die aufeinander bezogenen Essays dieses Buches sind *»sowohl autobiographisch als auch zeitbiographisch«*. Dieser doppelten Intention ist es zuzuschreiben, daß Jean Améry weitgehend auf alles konkrete autobiographische Detail verzichtet, ja, verzichten muß: die unmittelbare Erfahrung muß unterschlagen werden, wenn das eigene Ich und Leben primär die intellek-

tuellen und politischen Vorgänge der Epoche reflektieren soll.
Diesen vom Ansatz her erzwungenen Verzicht auf eine konkrete Selbstdarstellung mag man bedauern, zumal die spärlichen erzählerischen Ansätze dieses Buchs – und auch der früheren Publikationen – bekunden, daß Jean Améry auch ein Erzähler von Rang sein könnte, wenn es ihm möglich wäre, sich das zu erlauben. Daß er es sich nicht erlaubt und wahrscheinlich nie erlauben wird, weil er wohl seine Domäne, die Reflexion, nicht preisgeben will oder weil ihm das Unmittelbare nicht genügt, ist freilich nicht ohne Einfluß auf die Reflexion selber. Indem er sich nämlich ganz dem Denken überantwortet, als gebe es Heimat oder Wohnstatt nur in ihm und in den geschichtlichen Entfaltungen des Zeitgeistes, erwartet er vom Denken zuviel. Anders ausgedrückt: Reflexion ist für Jean Améry auch ein Versuch, eine zweite Heimat zu finden, nachdem ihn die Faschisten aus der ersten vertrieben hatten. Fraglich aber ist, ob gerade das Denken, das seinem Wesen nach transzendierend ist, je so etwas wie Heimat sein kann.
Wahrscheinlich ist es eben diese Unmöglichkeit, welche die Reflexion Amérys in Gang setzt und vorantreibt – nur Ziele, die nicht erreicht werden können, bewirken jene produktive Unruhe, die das Leben des Geistes ausmacht. Allerdings auch jene Trauer, welche der Reflexion Amérys als Begleiterin beigegeben ist und die sein gleichsam alle Sicherheit durchbohrendes Denken so anrührend und menschlich macht. Auch seine Sprache, obwohl sie gelegentlich eine nicht ganz ungefährliche Tendenz zu intellektueller Panzerung hat (was vielleicht auch mit einer spezifischen Neigung des Österreichers, der Améry einmal war, für Fremdwörter zusammenhängt). Trotzdem darf er mit vollem Recht sagen: *»Rede war mir Brot und Wein, ist mir zur Stunde noch immer Brot. Soll ich mir Brot und Mund verbieten lassen von Schwätzern mit großer Zukunft, aber ohne Vergangenheit und Schicksal?«* Sätze aus dem Essay »Expeditionen jenseits des Rheins« – die Polemik richtet sich gegen eine gewisse *»stromlinige Linksintellektualität«* in der Bundesrepublik von heute.
Der Weg, den Améry zurückgelegt hat und dessen Stationen die sechs Essays bedenken, war weit. Die Anfänge verdämmern in einem romantischen Irrationalismus: Der junge Améry stellt sich als Wirrkopf und Waldgänger vor, fernab den relevanten geistigen Bewegungen der

Zeit, blind für das heraufziehende Unheil. Hart geht er mit sich ins Gericht: *»Ich blieb tumb und blind. In Spengler, Klages, Heidegger die Anfänge des Genozids nicht erkannt zu haben, wird man mir vielleicht in Ansehung der mildernden Provinzial-Umstände und jugendlichen Unreife hingehen lassen ...«*
Einem besonnen-objektiven Betrachter muß eine solche Anklage – Spengler, Klages und Heidegger als »Anfänge des Genozids« – ungeheuerlich erscheinen; obendrein liegt hier nicht eine Entgleisung, sondern Absicht vor. Améry aber will, wenn er über den Faschismus, seine Vorläufer und Gefolgsmänner, auch wenn er über die Schandtaten der westlichen und östlichen Welt spricht, nicht als gerecht und emotionslos abwägender Historiker sprechen. Seine Gerechtigkeit ist anderer Art: Es ist die zürnende Gerechtigkeit des Betroffenen und Geschundenen, der überdies wegen seiner einstigen Blindheit sich selber mitverurteilt; er spricht mit dem subjektiven Recht eines Menschen, der einer bequemen Objektivität den Schmerz entgegenhält, den eigenen und den seiner Leidensgenossen. Hier will einer nicht vergessen und sich nicht beruhigen, sich auch nicht, was er gewissen deutschen Linksintellektuellen vorwirft, in die abstrakte Reflexion flüchten, die den realen Greueln ihre Schrecken nimmt, indem sie sie hurtig und unendlich versiert einem Allgemeinen unterordnet.
Die nächste Etappe Amérys war der Wiener Kreis der Neo-Positivisten, deren Grenzen er heute mit vollkommener Deutlichkeit sieht, auch wenn eine gewisse Sympathie noch spürbar ist. An die Stelle des Waldesdunkels des Anfangs tritt nun die reine Klarsicht, die *»vollkommen saubere, sterilisierte, leere Wahrheit der allerwegen tautologischen Logik«*. Daß der Positivismus seine subtilen logischen Operationen abseits der politischen Wirklichkeit vornahm: dies ist der Vorwurf, den Améry ihm und sich als Anhänger dieser Philosophie macht. Österreich, dessen öffentlich anerkannte Literatur in jenen Jahren ihm von einem *»untergründigen Jodeln«* erfüllt schien, einem *»alplerisch-christlichen«* Jodeln, das *»aus der feierlich katholischen Tonart sich schnellstens und ohne formale Schwierigkeiten in die nazistische transportieren ließ«*, Österreich ging unter.
Es folgen, in dem großartigen Essay »Debakel«, die Jahre der Emigration, die Inhaftierung in südfranzösischen La-

gern, Flucht und Mitarbeit in der Résistance, was ihn schließlich nach Auschwitz und Bergen-Belsen brachte (die Erfahrungen eines Intellektuellen im KZ hat Améry bereits in »Jenseits von Schuld und Sühne« fixiert). Nach der Befreiung dann Rückkehr nach Belgien; Jean Améry ist fasziniert vom Existentialismus Sartres, von dem Mann mehr noch als von seiner im Laufe der Zeit zerbröckelnden Lehre – die Würdigung Sartres als eines *»Moralisten wider Willen«* gehört zum Schönsten, was in Deutschland über diesen Mann geschrieben worden ist. Gescheit und polemisch zuletzt die Auseinandersetzung mit der bundesrepublikanischen Wirklichkeit und im letzten Essay mit dem Strukturalismus, dessen Einsichten sich Améry nicht verschließt, obwohl er befremdet und fast entsetzt konstatiert, wie hier mit geradezu *»febriler Lust«* die Selbstzerstörung des Menschen betrieben wird.

In allen Essays der »Unmeisterlichen Wanderjahre« wird die Sache – Neo-Positivismus, Frankreich oder Strukturalismus – vom Subjekt Jean Améry reflektiert, gleichzeitig aber auch immer wieder dieses Subjekt von der Sache her in Frage gestellt. Das Denken dieses Schriftstellers ist ein Prozeß subtiler und unablässig sich vertiefender Reflexion, an deren Ende ein radikaler Zweifel an fast allem und, unüberhörbar, auch Verzweiflung steht. So daß ein Leser, der von einem Denker Resultate und die Behauptung von Positionen erhofft, fast enttäuscht sein muß. Auch könnte man das wenige vorzeigbare Positive nicht einmal sehr originell nennen: ein zögerndes Bekenntnis zur formalen Demokratie, zum konkreten Menschen und zur Liebe, welche allein die Entfremdung, die Jean Améry immer wieder als seinen spezifischen Zustand diagnostiziert, aufzuheben vermag – am Ende muß er sich sogar als *»halblinken Kulturkonservativen«* verstehen (das Geständnis fällt ihm nicht leicht).

Aber es ist ein Unterschied, ob einer nach langem Weg und nach unendlicher Reflexion für den konkreten Menschen plädiert oder ob dies ein konservativer Kulturkritiker tut, der niemals in die geistige Fremde ausgewandert ist und immer nur das Alte, Wahre ruminiert hat. Daß beide am Ende ungefähr Ähnliches sagen – sofern es auf Aussage und Bekenntnis überhaupt ankommt –, bedeutet so gut wie nichts. Es kommt auf die Legitimation des Gesagten durch das Denken und das erlittene Leben an. Amérys Einsichten verdanken sich beidem: der fortwährend in Frage stellenden Reflexion und dem Schmerz; dem Denken und der Moralität, die sich in seiner Person und seinem Werk eigentümlich verschränken. Eben dies macht die »Unmeisterlichen Wanderjahre« zu einem so erregenden Zeugnis, auch und gerade weil es nicht ein Sieger, sondern ein fast Verzweifelter, ein fast Besiegter ablegt. Einer aus jener vielleicht aussterbenden Rasse, die den konkreten Menschen nicht um universaler Ideen und Strukturen willen preisgeben will. [1971]

Kritiker und Moralist
Max Frisch »Tagebuch 1966–1971«

In dem in der edition suhrkamp erschienenen Band »Über Max Frisch« findet sich kein Aufsatz und keine Rezension über das vor mehr als zwei Jahrzehnten publizierte »Tagebuch 1946–1949«. Auch die dem Band beigegebene Bibliographie zählt nur wenige Titel auf, die sich mit diesem Diarium befassen. Ein erstaunliches Faktum, wenn man bedenkt, daß nicht wenige Kritiker dieses frühe Tagebuch zu den bedeutendsten Leistungen von Max Frisch zählen. Daß dieser Schriftsteller irgendwann zum Tagebuch zurückkehren würde, war die Hoffnung vieler. Nun, nach langwieriger und sorgfältiger Redaktion, liegt das »Tagebuch 1966-1971« vor.

Ein spontanes, nicht im Hinblick auf Veröffentlichung geschriebenes Tagebuch – wie etwa die Tagebücher Kafkas – ist das neue ebensowenig wie das alte. Selten wird Beiläufiges und ganz Intimes notiert. Auch gehört Frisch nicht zu den *»unverblümten ICH-Schreibern wie Henry Miller, Witold Gombrowicz und andere«*, von denen er, vielleicht etwas anfechtbar, in diesem Diarium behauptet, sie seien erträglich nur, weil bei ihnen *»das ICH eine Rolle wird«*. Gar nicht anfechtbar, sondern vortrefflich in diesem Zusammenhang jedoch die Bemerkung, die erwähnten beiden Autoren dichteten *»am eigenen Leib«* (so wie, darf man hinzufügen, Nietzsche am Leitfaden des Leibes philosophiert).

Dazu ist dieser Autor nicht gesonnen, wohl auch nicht disponiert. Was wahrscheinlich nicht nur mit Diskretion zu tun hat, sondern auch mit dem Umstand: daß Max Frisch, anders als etwa Gombrowicz, kein exzentrischer Mensch ist – keiner, der Tagebuch schreiben muß, damit er nicht in der trüben Flut des Lebens ertrinkt; keiner, der in sich so zerrissen wäre oder in der ständigen Gefahr, sich abhanden zu kommen, so daß er des Tagebuchs bedürfte, um sich immer wieder zu finden und neu zu definieren. So ist das Tagebuch für Max Frisch, wie natürlich auch für viele andere Diaristen, keine »existentielle« Notwendigkeit. Hier kämpft keiner schreibend um sein Leben.

Damit mögen gewisse Grenzen dieses Tagebuchs markiert sein. Aber innerhalb dieser Grenzen: welcher Reichtum an Beobachtungen und Reflexionen, welche Fülle an

Themen, welche Vielfalt an literarischen Formen! Schon äußerlich, durch verschiedene Typographie, werden dem Leser die diversen Ebenen deutlich gemacht, die Frisch in seinem Tagebuch etabliert hat. Da gibt es Notizen unter anderem von einer Reise in die Sowjetunion und einem längeren Aufenthalt in den USA; Erzählungen oder Skizzen zu solchen, wie schon im ersten Tagebuch (aus einigen wurden dann später Stücke, etwa »Andorra«); fortlaufende »Notizen zu einem Handbuch für Mitglieder« (nämlich der fiktiven »Vereinigung Freitod«), in denen die Misere und der Skandal des Alterns reflektiert werden; »Fragebogen«, die dem Leser listige Fragen über seine Einstellung zur Heimat, zur Ehe, zur Freundschaft, zum Geld unterbreiten; noch einmal: herrliche Erinnerungen an den unvergeßlichen Bertolt Brecht oder Anmerkungen zum Habitus und zur Physiognomie von Günter Grass; »Verhöre«, in denen zwei Diskutanten – fraglos beide Max Frisch, der sich sozusagen zweigeteilt hat – das Problem von Gewalt und Gewaltlosigkeit erörtern: Reporte über politische Aktualitäten (Vietnam, Sechs-Tage-Krieg Israels, die Mai-Unruhen in Paris); sehr enthüllende Zitate aus der Presse, vorab der schweizerischen ...

Was auf allen »Ebenen« dieses Tagebuchs beeindruckt und in vielen Passagen unsere Bewunderung fordert, ist die strahlende Intelligenz und die stilistische Bravour des Autors. Eine Intelligenz, die mit Moralität so eng verknüpft ist, daß man nicht ausmachen kann, ob verfeinerte Moralität hier die Intelligenz führt und schärft oder ob diese, indem sie auf Wahrheit zielt, fast notwendigerweise in subtilste Moralität übergeht. Aber wie auch immer – das Ergebnis dieser Verschränkung und wechselseitigen Provokation ist eine Genauigkeit der Beschreibung und des Denkens, die ihresgleichen sucht.

Man möchte so vieles zitieren. Beispielsweise, wie er Brecht und dessen Zuhören – *»auf eine ermunternde, ungeizige Art«* – schildert; oder die Frage, wovor der Stahlsarg, den Brecht sich wünschte, ihn schützen sollte: *»vor den Machthabern? Vor der Auferstehung? ...«;* oder wie er seine Erfahrungen auf seiner Rußlandreise im Jahre 1968 fixiert: die sowjetischen Schriftsteller, mit denen er die Wolga hinabfährt, sind an Informationen aus dem Westen gänzlich uninteressiert, das Richtige ist für sie immer das Offiziöse. Oder wie sie die Gaben und die Errungenschaften des eigenen Landes loben: *»Ich lobe die* *sowjetischen Gurken. Man kann auch die alten Ikonen loben. Wenn man ihnen nicht zuvorkommt, loben sie ihre Gurken selbst ...«* Oder die Stadtrundfahrt in Gorkij, bei der der Stadtbaumeister ihm die Vorfabrikation von Bauelementen als Errungenschaft des Sozialismus anpreist und mit Stolz von dem wahrhaft Unerhörten berichtet, *»daß die sowjetischen Ingenieure, bevor ein Auto in der Serie hergestellt wird, viele Versuche machen und Berechnungen und so«.*

Um einem Mißverständnis vorzubeugen: Max Frisch notiert gewisse deprimierende Erfahrungen aus der Sowjetunion nicht mit der hämischen Freude dessen, der es immer schon gewußt hat und der nun seine Vorurteile bestätigt sieht. Vielmehr spürt man, daß das Deprimierende hier ihn selber deprimiert und verstört. Im übrigen muß es den tiefsten Instinkten eines Moralisten (der Frisch immer war) widersprechen, wenn er erlebt, daß Kritik, jedenfalls die öffentlich geäußerte, immer nur gegen die anderen sich richtet und nie der eigenen Sache gilt.

Eben dies: Kritik am Eigenen (der Schweiz, der westlichen Welt und deren Machthabern, und wie sie die herrschenden Verhältnisse, deren Nutznießer sie sind, als moralische ausgeben und die öffentliche Meinung manipulieren) hat sich in dem neuen Tagebuch unerhört intensiviert. Mir ist darum nicht verständlich, wie der Literaturkritiker der »Frankfurter Allgemeinen« schreiben konnte: »Diese Aufzeichnungen sind gewiß egozentrisch, politisch sind sie doch wohl nicht«; wie er den Eindruck gewinnen konnte, Rechtsstaat, Gewalt, Demokratie, Sowjetunion, Amerika kämen »hier eher nur hypothetisch vor, in der Beleuchtung dessen, dem das alles vielleicht doch nicht so wichtig ist«. Gewiß, Max Frisch hat keine Patentlösungen anzubieten; dazu fehlt es ihm an Dogmatismus und vor allem an Dummheit. Daß er aber die politisch-gesellschaftlichen Vorgänge und Zustände unserer Welt ernst nimmt, beweist allein schon die Tatsache, wie genau und unbestechlich er sie erkennt und darstellt. *»Wie Landgrafen«,* so charakterisiert er etwa das Gehabe der CDU/CSU-Herren, als sie die Macht verloren, *»wie Landgrafen, die es noch nicht fassen, daß das Gottesgnadentum auch auf deutschem Boden irgendwann einmal abgeschafft worden ist: hochherrschaftlich in der Arroganz, daß nur ihresgleichen regieren kann, dann konsterniert vor der Nachricht, daß die Stallknechte tatsächlich ins Palais wollen, nachher* *gekränkt, daß die versuchte Bestechung nicht gelingt ...«* Ginge es in der Welt so zu, daß etwas sich nicht mehr am Leben halten kann, wenn es vollkommen erkannt und bis auf den Grund seiner Anmaßung durchleuchtet ist: Sätze wie diese würden einen politischen Erdrutsch auslösen. Max Frisch freilich ist Realist genug, um zu wissen, daß ein literarischer Florettstich selbst mitten ins Herz nicht tötet und daß die Welt durch Literatur nicht zu verändern ist. Berechtigt aber ist die Hoffnung, daß der Leser dieses Tagebuchs kritischer, mißtrauischer, argwöhnischer gegenüber der Arroganz und den Lügen der Macht wird. Max Frisch sticht der öffentlichen Dummheit und der seiner potentiellen Leser den Star. Mehr ist durch Literatur kaum zu erreichen.

»Intellectuals are cynical and cynicals have never built a cathedral«: ein Ausspruch von Henry A. Kissinger, der Max Frisch und seinen Verleger Unseld im Frühjahr 1970 durchs Weiße Haus führte und der, wie Frisch vermerkt, *»das Beste will, nämlich die allergeringste Vernichtung der Welt«.* Aber Max Frisch ist weder ein Zyniker, noch hat er das Verlangen, eine Kathedrale zu bauen. Er ist, wenn er über Politik und den Menschen nachdenkt, ein Kritiker und ein Moralist: weil er sieht, wie es in der Welt zugeht und daß in ihr mehr Wahrheit und Gerechtigkeit sein könnte.

Für dieses »Sehen« ist er wie nicht leicht ein anderer disponiert; und hier gereicht ihm zum Vorteil, was in anderer Hinsicht bewirkt, daß dieses Tagebuch keine »an sich« faszinierende Persönlichkeit vorstellt: sein ebenso solider wie subtiler Wirklichkeitssinn (kein Zufall, daß er in einer Aufzählung dessen, wofür er dankbar ist, unter anderem nennt: *»daß ich die Germanistik aufgegeben habe«* und: *»daß ich eine Zeitlang Architektur ausübte«),* seine Vorurteilslosigkeit, sein Verzicht auf eine pittoreske Subjektivität und seine mangelnde Begabung, ein Parteigänger zu sein. Das Objektive ist ihm jederzeit wichtiger als die nur subjektive, die nur interessante Anmerkung. Wahrscheinlich reist er darum auch so viel und gern: weil er die Welt erkennen will – und weil er weiß, daß er dafür gut ausgerüstet ist.

Was natürlich nicht ausschließt, daß er in diesem Tagebuch nicht auch festhält und reflektiert, was ihm persönlich widerfährt; in dem dokumentierten Zeitraum von 1966 bis 1971 beispielsweise und vor allem das Älterwerden. Bezeichnend aber für Frisch und den Stil seines Tagebuchs, daß er diesen erbarmungslosen Prozeß nicht wie der alternde Gide direkt an sich diagnostiziert, sondern auch ihn ins Allgemeine, Objektive rückt. Die Gedanken des Diaristen zu diesem kränkenden Thema sind scharfsinnig, sehr oft originell, nicht selten von doppelbödiger Ironie, und meistens all dies zusammen. So, wenn er zum Beispiel ausführt, warum der Politiker, im Gegensatz zum Arbeiter, Intellektuellen oder Künstler, am wenigsten sich vor dem Altern fürchtet: weil es vermutlich *»im Wesen der politischen Macht* (liegt), *daß sie, ohne kreativ zu sein, die größte Wirkung haben kann«*. Oder warum ein *»Gezeichneter«*, nämlich ein alter Mann, gleichsam eine natürliche Begabung für das Amt als Staatsoberhaupt hat: *»... der Schwund an Einbildungskraft erlaubt ihm ein sachliches Erwägen ohne Entsetzen vor den Folgen, er kann das Leben von Leuten nicht so wichtig finden, nicht ausschlaggebend, er selber hat kaum noch Leben zu verlieren und eignet sich immer mehr zum Staatsoberhaupt.«* Eine böse Bemerkung; aber wer möchte sie falsch nennen?

Hintersinnig und listig auch die verschiedenen Fragebogen, in denen der Unfug demoskopischer Befragungen in Geist und Literatur verwandelt wird. *»Hätten Sie von sich aus die Ehe erfunden?«* Welchen männlichen Leser beschleicht da nicht die Ahnung, daß es neben dem Schießpulver offensichtlich noch anderes gibt, dessen Erfindung er sich nicht zuschreiben dürfte? (Die Ehe, so meinte die Frau André Gides, ist vielleicht für die Frauen und gegen die Männer geschaffen.) Oder in dem Fragebogen, der dem Problem der Heimat gilt: *»Wenn Sie sich in der Fremde aufhalten und Landsleute treffen: befällt Sie dann Heimweh oder dann gerade nicht?«*

Hineinkomponiert in dieses vielschichtige Tagebuch die Erzählungen. Streng thematisiert wie die meisten, wie eigentlich alle einzelnen »Teile« dieses Tagebuchs auch sie: die glänzend erzählte Geschichte eines Autounfalls, wobei mit hellsichtiger Psychologie die seelischen Voraussetzungen eines solchen Unfalls aufgezeichnet werden; die Geschichte einer Persönlichkeitsveränderung, eines (schizophrenen) Schubs; wie einer versackt ... Wobei Max Frisch, wenn schon nicht einen neuen Stil, so doch ein neues Verfahren praktiziert, um der Crux des »Geschichtel-Erzählens« zu entgehen: Er skelettiert oder hält sich nur an die Drehpunkte des zu erzählenden Vorgangs, gibt nur einige Stationen wieder – der Leser mag sich dort, wo zwischen den kurzen Abschnitten die Pünktchen stehen, die Sache selber ausmalen.

Mag sein, daß das frühere Tagebuch aus den Jahren 1946 bis 1949 etwas frischer, spontaner, auch hoffnungsfroher war: Max Frisch war jünger, und mit ihm die Welt, die nach den Jahren des Krieges sich erst wieder erschloß und wie ein anbrechender Morgen dankbar erlebt wurde. Verzweifelt ist der Tagebuchschreiber auch jetzt nicht – Moralisten dürfen nicht verzweifeln; wohl aber ernüchtert, skeptischer und ganz ohne Träumerei. Für einen eminenten Wirklichkeitssinn muß bezahlt werden, und sei es eben mit dem Verzicht auf Träume und Illusionen, welche Leben und Welt in eine blaue Ferne rücken. Solche Bläue kennt dieses Tagebuch kaum; sein Licht ist hell, die Konturen verdämmern hier nicht. Man kann nicht alles haben (nur manche Rezensenten glauben das).

Und erwähnt werden darf auch, daß dieses Tagebuch vielleicht etwas zu sehr »gearbeitet« ist; so fehlt weitgehend alles Unmittelbare und »Unreine«, jede Spur von stilistischer oder sonstiger Nachlässigkeit – der Leser muß ganz auf das schöne Gefühl verzichten, daß er es da oder dort hätte besser machen können. Etwas problematisch wohl auch, gerade in einem Tagebuch, daß der Autor in jedem Augenblick genau weiß, worüber er schreibt: über einen Besuch in Prag oder über die gekonnten Verschleierungen einer seriösen Zürcher Zeitung, über die Mondlandung der Amerikaner oder, ungewöhnlich geistreich und witzig, über den Freund Dürrenmatt. Manchmal wünschte man sich als Leser, daß der Tagebuchschreiber hin und wieder ohne ein definiertes Thema schriebe, gleichsam ins Unbekannte hinein: so wie der gelebte Augenblick oft nicht weiß, was er in sich birgt und bedeutet und wohin er führt.

Aber das sind keine Einwände, sondern Feststellungen – vorgebracht überdies in dem Bewußtsein, daß man aus Motiven, die mit Mißgunst nichts zu tun haben, sich oft gegen das zu Vollkommene und zu Geglückte etwas zur Wehr setzt. Auch ändern diese Bemerkungen nicht das geringste daran, daß dieses reiche und funkelnde Tagebuch eines der klügsten Bücher dieser Jahre ist – die beste Auseinandersetzung eines einzelnen mit der Lüge, der Dummheit und der Gewalt seiner Zeit. [1972]

Verlangen nach Authentizität
Witold Gombrowicz »Die Tagebücher«

Daß der im Sommer 1969 in Südfrankreich verstorbene polnische Schriftsteller Witold Gombrowicz in den letzten 15 Jahren seines Lebens mehr oder weniger regelmäßig ein Tagebuch geführt hat, ist gewiß kein Zufall. Er habe mit der »reinen Kunst« gebrochen, heißt es in einer Eintragung aus dem Jahre 1933; denn seine Literatur sei nicht von der Art, daß sie nebenbei, an Sonn- und Feiertagen zu schreiben wäre (Gombrowicz war kurz vor Kriegsausbruch zufällig nach Argentinien gekommen, wo er blieb und sich viele Jahre recht mühsam durchschlagen mußte). So wurde das Schreiben eines Tagebuchs zum Versuch, die literarische Existenz unter den ungünstigen Bedingungen des Exils irgendwie fortzuführen: »Ich habe mich an das Schreiben dieses meines Tagebuchs gemacht, einfach um mich zu retten, aus Angst vor der Degradation und dem endgültigen Versinken in den Fluten des trivialen Lebens . . .«

Das ist ein Bekenntnis, das für einen echten Diaristen so ungewöhnlich nicht ist. Wer ganz mit sich einverständigt ist, mit seinem Leben und seinem Geschick; wer sich nicht der Rettung bedürftig fühlt oder zumindest das Verlangen spürt, ein Zeugnis, eine Spur zu hinterlassen und vor allem: sich zu definieren im trüben Strom der inneren und äußeren Erfahrung, in welchem die eigene Identität immer wieder zu ertrinken droht – ein solcher schreibt nicht leicht ein Tagebuch, jedenfalls schwerlich ein interessantes. Und in diesem Sinne muß ein Tagebuch-Schreiber sich wichtig nehmen: sein Jetzt und Hier, den Schmerz der Gegenwart, der vielleicht in eine mögliche Zukunft weist.

Mit einer kleinen Clownerie, die den Ernst durchschimmern läßt, beginnt Witold Gombrowicz sein Tagebuch, indem er an vier Wochentagen nur das Wort »Ich« einträgt. Dieses Ich des Diaristen ist das Zentrum, der Bezugspunkt, die nicht verheimlichte Umschlagstelle, und dies auch dann, wenn, wie in dem Tagebuch von Gombrowicz, längere Exkurse über Existentialismus, Kommunismus oder polnische Autoren eingetragen werden. Mehr noch als der Essay zielt das Tagebuch nicht auf die vom

Subjekt abgelöste, »objektive« Wahrheit, sondern auf die eigene. Daß die Erkenntnis abhängig ist vom Erkennenden, von seinen physischen und psychischen Voraussetzungen (die zugleich auch Vorentscheidungen sind), seinem Standpunkt und seiner Optik, diese Einsicht wird nicht unterdrückt. Und nicht zuletzt eben darin besteht die Faszination des Tagebuchs und die stimulierende Wirkung, die es auf die Leser auszuüben vermag. Die Geständnisse und die oft radikal subjektiven Einsichten des Tagebuch-Schreibers machen dem Leser Mut zu seiner eigenen Subjektivität, zu dem mühsamen Prozeß der Selbstentdeckung und der Bestimmung der eigenen Position in Zeit und Welt.

»Wenn ich nie ganz ich selber sein kann«, heißt es einmal in diesem Tagebuch des Witold Gombrowicz, »so ist das einzige, was meine Persönlichkeit vom Untergang retten kann, allein der Wille zur Authentizität, jenes trotz allem hartnäckige ›ich will ich selber sein‹, das nichts weiter ist als lediglich eine tragische und hoffnungslose Empörung gegen die Deformierung.« Dieses leidenschaftliche Verlangen nach Authentizität steht nicht im Widerspruch zu der Klage über die »unaufrichtige Aufrichtigkeit« der Eintragungen, die sich in diesem Tagebuch auch findet. Denn auch in ihm ist vollkommene Aufrichtigkeit nicht erreichbar – schon der Prozeß der schriftlichen Fixierung verändert, was fixiert wird; was niedergeschrieben wurde, ist die reine Wahrheit nicht mehr. Überdies sind Diaristen im allgemeinen in sich zerstrittene, widerspruchsvolle Menschen, reich an Spannungen und Konflikten.

Was Gombrowicz angeht: Er war ein polnischer Schriftsteller, lebte aber seit dem Jahre 1939 in Argentinien, das ihm im Laufe der Zeit zu einer Art zweiter Heimat geworden war: er war Künstler, rebellierte indessen immer wieder gegen die Form und gegen die »Poeten«, die er mit hellsichtigem Argwohn beobachtete; er alterte wie jeder andere und entfernte sich solchermaßen unablässig von der Kindheit und Jugend, war aber zugleich, eigenem Eingeständnis zufolge und wie sein literarisches Werk beweist, in die Unreife verliebt; er bekannte sich leidenschaftlich zu seiner Subjektivität, behauptete sein Ich und spielte es mit einiger Aggressivität und auch Selbstverliebtheit gegen die Welt aus, aber er war auch niedergeschmettert von der Erkenntnis, daß er, Witold Gombrowicz, sich bereits realisiert hat – »inmitten dieser Unbestimmtheit, Veränderlichkeit, des Fließens, unter dem ungreifbaren Himmel bin ich, schon gemacht, vollbracht, umrissen ... ich bin und ich bin so sehr, daß mich das aus dem Bezirk der Natur hinauswirft«.

Niemand wird bestreiten, daß solche Widersprüche die günstigste Voraussetzung für ein interessantes Tagebuch schaffen. So ist das Tagebuch des Witold Gombrowicz interessant, weil in ihm sich ein sehr komplexes und ein unruhiges Ich ausspricht. Lieben wird der Leser den Menschen, der sich in diesem Tagebuch darstellt, vielleicht nicht – Gombrowicz seinerseits sagt in den Aufzeichnungen, daß auch er selber der Liebe kaum fähig gewesen sei. Aber der Leser begegnet einem Menschen von ungewöhnlicher Originalität und außerordentlichem psychologischen Spürsinn; einem Menschen auch, der seine Schwächen und Komplexe nicht verschweigt oder unterdrückt, sondern als Produktiver aus ihnen ein Vehikel der Erkenntnis macht.

»Der Mensch kann sich nicht nach außen hin ausdrücken, nicht nur deswegen, weil andere ihn verzerren – er kann sich vor allem darum nicht ausdrücken, weil nur das, was in uns bereits in Ordnung gebracht ist, reif ist, sich zu einer Äußerung eignet, während der ganze Rest, nämlich eben unsere Unreife, Schweigen ist.« Entsprechend dieser Einsicht, auf die er wiederholt zurückkommt – seine Attacken gegen die Poeten, gegen die Malerei und manchmal gegen die Kultur insgesamt stehen damit in Zusammenhang –, will Gombrowicz im Tagebuch wie in seinen Romanen vor allem das ausdrücken, was noch nicht »in Ordnung gebracht«, was noch unverfestigt und unreif ist. Wie schon in seinem ersten Roman »Ferdydurke« läßt so Gombrowicz auch in seinem Tagebuch Kraut und Unkraut gleichermaßen wuchern; ganz Privates und Beiläufiges darf neben scharfsinnigen Erörterungen stehen, das Ernsthafte neben dem ganz und gar Unernsten, die Niederschrift einer authentischen Erfahrung neben dem skurrilen Einfall. Klassisches, Allgemeingültiges sollte und konnte so nicht entstehen – aus Neigung und aus Überzeugung war Witold Gombrowicz ein durchaus antiklassischer Mensch, vielmehr ein Experimentierer großen Stils, auch ein Versucher in des Wortes doppelter Bedeutung.

Wozu auch sein Schicksal, ob es nun halb geplant oder weithin zufällig war, vortrefflich paßte: Gombrowicz war

ein Sohn adliger Grundbesitzer, der die Literatur gegen seine Kaste, die Kaste gegen die Literatur ausspielte; ein Pole, der sich Polen wie jeder Art von einengender Form zu entziehen trachtete – und der doch bis zuletzt an polnischen Angelegenheiten und Querelen heftig interessiert war; ein raffinierter Künstler, der der Form mißtraute und der wenig Neigung zeigte, das Leben der Kunst aufzuopfern. Seine ebenso hellsichtige wie lieblose Charakterisierung seines unglücklichen Landsmanns Bruno Schulz hat zum Teil eben darin ihren Grund: daß Bruno Schulz wie ein Mönch der Kunst sich widmete, während er selber, bei allem Künstlertum, Herr und Grandseigneur bleiben wollte. (»Ich kann Poeten nicht ausstehen, die allzu sehr Poeten sind, und Maler, die allzu sehr der Malerei hingegeben sind. Ich verlange überhaupt vom Menschen, daß er sich niemals etwas völlig hingebe ... *Über* der Kunst sein, über dem Werk, dem Stil, der Idee.«)
Selbstverständlich war Witold Gombrowicz mit einer solchen Einstellung zur Einsamkeit verurteilt und, was damit identisch ist, zu Erfahrungen, die wesentlich nur die seinen waren – es ist die Einsamkeit eines Menschen, der einmal von sich gesagt hat, daß er immer und überall Emigrant sein wird. Dieses Bewußtsein des Exils läßt stumpfe Gewöhnung nicht zu; die Empfindung bleibt wach, der Tag, die Stunde, der Augenblick werden intensiv erfahren – alles ist neu und nichts wird wiederkehren. Mit großartiger Eindringlichkeit werden etwa ein Aufenthalt am Meer wiedergegeben, eine Schiffsreise auf dem Parana, Begegnungen mit Menschen. In solchen Passagen vor allem spürt man den Dichter Witold Gombrowicz, der bei allem Hang zur Phantastik und zum Absurden der Wirklichkeit treu bleibt; denn Aufgabe der Literatur sei es, die sich immer entziehende Wirklichkeit zu erforschen.
Nicht alles in diesem Tagebuch ist einsehbar und zu überprüfen. Was Gombrowicz etwa über Argentinien vorbringt oder über uns unbekannte polnische Schriftsteller: man muß es dahingestellt sein lassen, ob es sich um originale Einsichten handelt oder um private Einfälle und groteske Verzeichnungen. In anderen Fällen ist die Entscheidung leichter – seine Attacken etwa gegen Johann Sebastian Bach, seine kritischen Anmerkungen zu Proust oder zur gereimten Poesie sind weithin unverbindlich und unsubstantiell, Übertreibungen, mit denen er die Leser

schockieren, mit denen er Aufsehen erregen will. Wie stark dieser Impuls in ihm war, zeigen seine Schilderungen vor allem von Paris und auch von Westberlin, wo er im Jahre 1963 als Gast der Ford Foundation weilte. Gombrowicz, ein jahrzehntelang verkannter und in Argentinien wie begrabener Autor, der nun allmählich berühmt wird, muß sich gegen Paris, muß sich gegen Europa behaupten und um jeden Preis seine Unabhängigkeit und seine Originalität verteidigen. So manövriert er sich, zumal im Hinblick auf Paris, in eine exzentrische Position: er will nicht bewundern, sondern das Häßliche und das Fragwürdige aufspüren, die »Dummheit« des Louvre etwa, das Lachen Michel Butors, das er mit dem »Lachen einer Büchse Sardinen in der Sahara« vergleicht. Sehr zu bedenken und sehr luxid aber dann wieder seine Anmerkungen zu Genet und vor allem zu dem Buch Sartres über Genet. Zunächst scheint er völlig einverstanden; aber während er zustimmt, sammelt sich Argwohn in ihm an, und plötzlich durchstößt er die falsche Mythologisierung. Für das Leben, wie es wirklich ist, jenseits ideologischer und mythologischer Verbrämungen, hat Gombrowicz einen untrüglichen Sinn.

Verglichen mit Paris erscheint ihm dann Berlin wie eine »Kurort-Stadt«; gleichmäßig und ohne Stockungen, so weiß der Diarist zu berichten, gleiten hier die Autos dahin, ältere Herren spazieren mit ihren gepflegten Hunden, adrette Damen begießen Blumentöpfe am Fenster, überall nur »Gutmütigkeit, Ruhe, Wohlwollen«. Der weite, schon nördliche Himmel überm Tiergarten erinnert ihn übrigens an Polen, freilich auch an den Tod, den er hier förmlich zu atmen glaubt. Daß Gombrowicz, der deutschen Sprache wenig mächtig, sich in den Berliner Partien wesentlich auf Ahnungen, Mutmaßungen und auf die Entzifferung vager Halluzinationen verlassen muß, ist nicht zu übersehen. Er spürt die herumgeisternde Vergangenheit auf – oder glaubt dies jedenfalls –, das Unheimliche, Mörderische unter der zu korrekten Oberfläche. Und mit grotesker Überzeichnung gibt er einige Menschen und Begegnungen wieder. »Einmal stieß Uwe Johnson zufällig auf mich in einem kleinen Restaurant gegenüber der Akademie der Künste. Er trat heran und in nordischer Verschämtheit murmelte er etwas, was, wie ich erriet, ein Kompliment bezüglich der frisch in Deutsch erschienenen ›Pornografia‹ war. Ich schämte mich seiner Verschämtheit, stammelte irgend etwas hervor, und das Gespräch gelangte auf zwischen uns übliche Themen, also auf Tabakpfeifen, Knöpfe und Aufschläge von Jacken.« Ähnlich die sehr komische, etwas boshafte und gegen Ende ins Absurde hinüberspielende Schilderung einer Lesung, die Walter Höllerer veranstaltet hat, den er mit einigen Strichen charakterisiert: halb Professor, halb Student, je nach Bedarf die Rollen vertauschend . .

Natürlich ist vieles in diesem Tagebuch so wörtlich nicht zu nehmen. Gombrowicz erfindet oft, um zu finden: er dichtet und verlängert eine Erfahrung ins Absurde, um so, auf Umwegen, eine Wahrheit aufzuspüren. Aber selbst seine Skurrilitäten und manchmal auch Belanglosigkeiten ärgern einen nur wenig, weil man weiß, daß auch er sie so ernst nicht nimmt und die Grenze zwischen Wahrheit und inszenierter Clownerie für ihn immer fließend war. Auch ahnt man, daß dieser Schriftsteller, will er zu seinen tiefen und authentischen Einsichten und Erfahrungen kommen, auch das Unernste, Unreife in sich zum Ausdruck bringen mußte – beide entstammen demselben Boden, beide wollen sich dokumentieren. Zum Parteigänger oder Verfechter dogmatischer Ideologien war er nicht geschaffen, und dies um so weniger, als für ihn der Gedanke, wie er selbst einmal bekannte, nur ein Hilfsgerüst war, die abstrakte Idee eine Art Wandschirm, hinter dem das Entscheidende sich ereignet. Taub oder aufsässig gegen die Verdikte der öffentlichen Meinung oder der Literaturgeschichte, spürt er die Wahrheit oder die Verlogenheit des Lebens, der Kunstwerke und ihrer Autoren auf.

Städte, Landschaften und Menschen werden in diesem Tagebuch oft suggestiv geschildert, aber immer bleibt spürbar, wieviel sich der Ahnung, der Witterung und Intuition verdankt. »Interessant«, heißt es einmal, »daß Nichthinschauen eine Art von Schauen sein kann.« Wahrscheinlich hat ihn eben dies befähigt, den Tod, und zwar den eigenen, so früh wahrzunehmen. Schon auf der Überfahrt von Buenos Aires nach Europa wird ihm bewußt: »Was ist denn diese Fahrt, wenn nicht eine Fahrt in den Tod?« Der Gedanke an den Tod oder vielmehr: die Ahnung seiner Gegenwart verläßt Gombrowicz nicht mehr in den letzten Lebensjahren, die er in Europa verbringt. Es sind Jahre eines wachsenden Ruhms, den er gierig und skeptisch registriert, Jahre auch, in denen er, sehr spät, in Vence zu jener Normalität des Lebens findet, an deren

Rand er bislang sich immer bewegt hatte: »Im 61. Lebensjahr habe ich das erreicht, was der Mensch normalerweise um seine 30 Jahre erreicht: Familienleben, Wohnung, ein Häuschen . . .« Krankheit lähmt die Produktivität, es entsteht kein neuer Roman mehr, auch die Tagebuch-Eintragungen werden spärlicher. Den Abschluß des Tagebuchs bildet ein letztes Interview, das Witold Gombrowicz einem amerikanischen Professor im Monat seines Todes gegeben hat. Die letzte Frage: »Wie sind Ihre Pläne für die Zukunft?« Die Antwort: »Das Grab.« [1966/1971]

Paul Celan »Atemwende«

In Paul Celans vor vier Jahren erschienenem Gedichtband »Die Niemandsrose« begann eines der Gedichte mit der Strophe:

Das Wort vom Zur-Tiefe-Gehn,
das wir gelesen haben.
Die Jahre, die Worte seither.
Wir sind es noch immer.

Was die ersten Verse erinnern und die folgenden bestätigen – daß dies Leben eines ist, das in seine Tiefe geht, das hinabsteigt oder gezwungen wird, hinabzusteigen –, darf als charakteristisch für die Lyrik Celans gelten.
Ein weiter Weg wurde von der gleichsam tönenden Bilderflut seiner ersten Gedichtbücher zurückgelegt – ein Weg, wie oft und auch von Celan selber bemerkt worden ist, der immer dichter ans Verstummen heranführte. Es wird nicht falsch sein, wenn wir vermuten, daß dieses »Zur-Tiefe-Gehn« und das Fast-Verstummen miteinander zu tun haben: Was unten, in der Tiefe, erfahren wird, verweigert sich dem Wort, jedenfalls dem schnellen und leichten, das für die Geschäfte des Tages sich zur Verfügung hält oder zur Kundgabe dessen, was viele andere schon erfahren haben.
Durch die Jahrhunderte heißt es freilich auch: Aus der Tiefe rufe ich zu dir . . . – was eine eigentümliche Dialektik deutlich macht. Nämlich: In dem Maße, in dem man hinabsteigt und sich vom Sagbaren entfernt, wächst auch das Verlangen, das sich schon fast Entziehende doch noch Sprache werden zu lassen, Aufschrei oder Ruf auch, der einem anderen, Hörenden zugedacht ist. Auch diese Erfahrung ist seit langem dem Gedicht Celans vertraut; wir begegnen ihr wiederum in dem Band »Atemwende«. Ergründet wird auch hier die eigene Existenz, welche allerdings aus den vertrauten Erfahrungsbereichen so weit zurückgenommen ist, daß ihre Bestimmung kaum möglich ist. *»Für-niemand-und-nichts-Stehn«,* heißt in dem neuen Band ein an zentraler Stelle stehender Vers. Wer so für niemand und für nichts steht, kann nicht definiert werden nach Maßgabe dessen, wofür er eintritt, was er der Welt gegenüber verficht.

Diese Möglichkeit von Sprache gleichsam jenseits der Menschenwelt macht das Exzentrische dieser Lyrik aus: ihre kaum für möglich gehaltenen Triumphe, ihre immensen Schwierigkeiten und auch ihre Vereinzelung. Daß Sprache fast wider alle Erwartung dennoch möglich ist, ermächtigt nicht nur den Dichter, sondern legt ihm auch die Pflicht zu sprechen auf:

Entmündigte Lippe, melde,
daß etwas geschieht, noch immer,
unweit von dir.

In der äußersten Heimsuchung wird nicht mehr wie bei Rilke, an den diese späten Gedichte da und dort denken lassen, das Irdische »gerühmt« – das Gedicht Celans läßt das »Rühmen« an sich bestehender, außerhalb des Gedichts existierender Dinge kaum mehr zu, ja, es weiß von diesen Dingen fast nichts mehr. Aber daß die »entmündigte Lippe« überhaupt noch etwas »melden« kann und darf, und sei es dieses Geringe, daß, noch immer, etwas geschieht –; dieser letzte und dürftigste Rest wird zum Ruhm dieser Gedichte.
Wir sagten, daß das Gedicht Celans kaum mehr von Dingen jenseits des Gedichts weiß. Was das an spezifischer Problematik in sich birgt, wird noch zu erörtern sein. Hier ist zunächst von der Möglichkeit eines großartigen Gelingens zu sprechen: dann, wenn die an keinem Vorgegebenen orientierte Sprache Celans wie durch Zauberei Welt aus sich entläßt – als ob der Hauch des Worts wie Luft sich verflüssigte, gleichsam eine Geburt aus dem Geist. Etwa in dem folgenden Gedicht:

Das Geschriebene höhlt sich, das
Gesprochene, meergrün,
brennt in den Buchten,

in den verflüssigten Namen
schnellen die Tümmler,

im geewigten Nirgends, hier,
im Gedächtnis der über-
lauten Glocken in –
wo nur?,

wer
in diesem
Schattengeviert

schnaubt, wer
unter ihm
schimmert auf, schimmert auf, schimmert auf?

Ein schwieriges Gedicht, gewiß. Aber bei näherem Zusehen und vor allem bei genauerem Hinhören ist zu erkennen, daß das Gedicht *alles* sagt, was in ihm sich ereignet. Was dennoch unbestimmt bleibt, wonach das Gedicht selber nur fragt, ist seinem Wesen nach genauer nicht zu fassen, weil es ein noch nicht Enthülltes, ein vielleicht erst Kommendes ist. So dürfen als Erkannte die »Tümmler« im flüssigen Element schnellen – spielerische Wesen, die sich im Medium der Sprache, im Raum der Kunst tummeln –, wer oder was aber das Aufschimmernde der letzten Strophe ist, muß offenbleiben: Das »schnaubende« Unbekannte ist unterm »Schattengeviert« noch verborgen, nur sein Schimmern erst zu erkennen.
Wer ein Ohr hat, zu hören, muß dies Gedicht Celans, muß zumal die geisterhafte Musikalität des letzten Verses bewundern (»schimmert auf, schimmert auf, schimmert auf?«). Herrlichkeiten dieser Art finden sich viele in dem neuen Gedichtband; so wenn es in dem langen, im ganzen wohl problematischen Gedicht »Hafen« heißt: ». . . *kommen die Leuchtfeuerschiffe getanzt, / weither, aus Odessa«* – man höre, wie der Vers »weither, aus Odessa« magisch die Ferne beschwört! – oder, im gleichen Gedicht, der letzte Vers *»herbei und vorbei und herbei«* den Andrang und das Verwehen der Erinnerungen wie Geisterspuk wiedergibt. Wunderbar, um wenigstens einige Beispiele noch zu bringen, die Verse:

Weltapfelgroß die Träne neben dir,
durchrauscht, durchfahren
von Antwort,
Antwort,
Antwort

oder im selben Gedicht die letzten Verse: *»Der stille Aussatz löst sich dir vom Gaumen / und fächelt deiner Zunge Licht zu, / Licht.«*
Rational klar oder schlicht nachvollziehbar sind solche Bilder und Metaphern nicht. Die geglücktesten aber – und ihrer gibt es viele – leuchten nach einem Augenblick der Befremdung, ohne den die magische Leistung nicht denkbar ist, wie eine bis dahin unbekannte Wahrheit auf:

eine lautlose Explosion, mit der das Gedicht sein Geheimnis dem Leser zuträgt wie das Meer seine schaumgekrönten Wellen dem Strand.
Bezahlen muß freilich ein Künstler seine nur ihm eigentümlichen Siege mit auch nur ihm eigentümlichen Niederlagen und Fragwürdigkeiten. Im Falle Celans: wo in seinen Metaphern der bildliche Ausdruck nicht verschmilzt mit dem zu evozierenden »Gegenstand«, so daß in der Verschmelzung ein Neues entsteht, von dem man nicht mehr zu sagen wüßte, ob es der äußeren oder der inneren Welt angehört, dort, wo diese Durchdringung nicht glückt, wirkt das von Band zu Band immer stärker reduzierte Gedicht Celans ersonnen und so, als ob es mit seinen Bildern mühsam sein Ziel erklimmen möchte. So lautet etwa die erste Strophe eines der weniger geglückten Gedichte:

Helligkeitshunger – mit ihm
ging ich die Brot-
stufe hinauf,
unter die Blinden-
glocke

Bedenklich daran dürfte allein schon sein, wie sehr hier Celan seiner Neigung zu zusammengesetzten Hauptwörtern nachgibt: die Sprache bildet gleichsam Klumpen, wodurch es den übrigen Wörtern an Gewicht und Energie fehlt. Bedenklich sind diese Wortbildungen aber auch darum, weil sie mit ihrer (partiellen) Konkretheit – »Brotstufe«, »Blindenglocke« – Gegenständliches der sichtbaren Welt zitieren, ohne dieses Gegenständliche wirklich zu meinen. Auf diese Weise wird »Welt« sozusagen verbraucht, ohne daß doch damit so etwas wie Welt konstituiert würde: Das Gedicht selber ist merkwürdig weltlos, nur noch ein Seeleninnenraum, der unablässig Welt verwandelt und verzehrt.
Vorab mit der Erkundung der seelischen Realität befaßt, den Verdunkelungen und den Heimsuchungen des eigenen Inneren, kann das Gedicht Celans über die Welt, in der alle leben, fast keine Aussage mehr machen, in dem neuen Band noch weniger als in der »Niemandsrose«. Zwei Städtenamen etwa, Prag und Hamburg, werden erwähnt (neben dem bereits zitierten Odessa), aber es geht nicht um die Orte selber, sondern nur um die ganz persönlichen Erfahrungen dort: »*Abends, in / Hamburg, ein /*

unendlicher Schuhriemen – an / ihm / kauen die Geister, / bindet zwei blutige Zehen zusammen / zum Wegschwur.«

So machen nicht wenige Gedichte oder Verse dieses Bandes den Eindruck, als sei alle Energie des Autors aus der Welt zurückgenommen und ganz dem eigenen Inneren zugewendet: Situation einer tiefen Krise, in der man am Allgemeinen und dessen Vernunft kaum mehr partizipiert; Dokumente einer gefährlichen Isolation, in der es nicht nur einsame Siege gibt, sondern in der auch der Wahn gedeiht, den kein freier Blick auf die Welt mehr korrigiert – als hätte sich der Dichter jenseits der Menschenwelt im Weglosen verstiegen.

Es dürfte mit dieser Isolation, der auch Hybris nicht fremd ist, zusammenhängen, daß die Chancen des Gelingens für das längere Gedicht kleiner sind. Die einzelnen extremen Erfahrungen, aus denen sich auch die längeren Gedichte zusammensetzen, bilden gleichsam »Atemkristalle« – ein Wort Celans –, die für sich existieren und nicht mehr einem umgreifenden Zusammenhang integriert werden können, weil es einen solchen Zusammenhang nicht mehr gibt oder weil er zu schwach ist.

Nicht recht beantwortbar scheint die Frage, warum Paul Celan diesen seinen sechsten Gedichtband »Atemwende« genannt hat. Vielleicht, daß manche Gedichte irgendwie offener sind, manche Wörter weniger von Pathos befrachtet, als dies noch in der »Niemandsrose« der Fall war. Vielleicht auch, weil im Durchschreiten eines Engpasses da und dort die Ahnung von Licht und Rettung aufleuchtet; eine leise Frage sich vorwagt, auf die es zwar keine Antwort gibt, aber auch keine Verzweiflung – etwa in den Versen:

Deine Frage – deine Antwort,
Dein Gesang, was weiß er?

[1967]

Paul Celan »Schneepart«

Die ausgesprochene und für sein Gedicht oft verhängnisvolle Vorliebe Paul Celans für zusammengesetzte Hauptwörter bezeugt sich schon in den Titeln, die er nach dem Band »Von Schwelle zu Schwelle« (1955) allen seinen Gedichtbänden gab: »Sprachgitter« (1959), »Die Niemandsrose« (1963), »Atemwende« (1967), »Fadensonnen« (1968); auch die nach seinem Tod publizierten Bände »Lichtzwang« (1970) und der nun definitiv letzte Band »Schneepart«, Gedichte aus den Jahren 1967 und 1968 enthaltend, gehorchen in ihren Titeln dem gleichen Schema. Unverwechselbar wie diese Titel sind auch die Gedichte dieser letzten Bände, und zwar nicht nur hinsichtlich ihrer formalen Struktur. Der Raum, in dem sich der Autor und sein Gedicht bewegen, scheint immer derselbe zu sein: ein Seeleninnenraum, der in Sprache übersetzt wird, die zwar recht verschiedenen Wirklichkeitsbereichen entnommen wird, diese Bereiche selber aber nicht meint. Das Obsessive dieser Lyrik, die nie mehr ihre Richtung änderte, nie mehr wirklich einen Weg ins Freie suchte, hängt wesentlich damit zusammen.
Auch deren Schwierigkeit, die in vielen der späten Arbeiten mit Dunkelheit nicht gleichgesetzt werden dürfte. Paul Celan war, jedenfalls in den letzten Gedichtbänden, nicht ein »wahrsagender« Dichter: einer, der, dem Nächtlichen und den Abgründen überantwortet und sich ihnen überantwortend, aus den dunklen Gründen heraus in Geheimnissen gesprochen hat. Sein Gedicht ist durchaus – und oft zu stark – rational gegründet oder genauer: eine starke Rationalität übersetzte die Verhängnisse und das Unheil, die vor und unter dieser Rationalität liegen, in sehr überwachte und oft sehr bewußt verschlüsselte Sprache. Und vielleicht muß man sagen, daß sein Gedicht eben darum so unablässig den Verhängnissen und dem Unheil zugewandt blieb, weil es kraft seiner Rationalität den dunklen Gründen entrückt war: es mußte sich ständig anspannen und zur Wachheit anhalten, damit diese Gründe eben noch vernehmbar blieben. »Ein Tagverschworner« – dieses Wort, das in einem der Gedichte des Bandes »Schneepart« auftaucht und wie so oft in dieser Lyrik einem »Du« zugesagt wird, von dem man nicht weiß, ob es das eigene

Ich oder ein anderes ist, könnte sehr wohl, bei aller Nähe des Dichters zum Wahn, eine wahre Selbstcharakterisierung sein.
Was das Gedicht Celans zumeist schwierig macht, ist dessen häufig nicht mehr einsehbare metaphorische Sprache. Eines der leichtesten – und auch geglücktesten – dieses Bandes lautet:

STÜCKGUT gebacken,
groschengroß, aus
überständigem Licht;
Verzweiflung hinzugeschippt,
Streugut;
ins Gleis gehoben die volle
Schattenrad-Lore.

Die Wörter »Stückgut«, »Streugut«, oder »Gleis«, dies macht schon ein erstes Lesen deutlich, meinen nicht das, was man gemeinhin darunter versteht. Sie stehen für Seelisches, für Daseinslagen und -vorgänge, die in eine merkwürdig konkrete Bildlichkeit übersetzt werden, die als solche viel genauer und dichter ist als das, was mit ihr dargestellt werden soll. Diese zu weit getriebene metaphorische Konkretion ist wahrscheinlich die Gefahr und die Schwäche vieler späten Gedichte Celans: die Umwege werden zu groß, und was auf diesen Umwegen gefunden wird, ist häufig nicht mehr transparent, sondern gerinnt zu etwas Undurchsichtigem, in dem sich das Gedicht verfängt und das dann den Blick des Lesers verstellt. ». . . in den / Hochkörben, beim / abgerufenen Zündschwamm, / hinauf- / gestiegen ins phallische / Hirntransplantat, übertagt / der für immer geheutigte / Wundstein« –: Verse wie diese – sie sind keine Ausnahme – wirken verstiegen, Resultat einer zerebralen Anstrengung, die nichts einbringt und die keine entsprechende Anstrengung des Lesers provozieren, weil dieser das – wahrscheinlich richtige – Gefühl hat, daß in diesem kaum mehr Lesbaren sich nicht eine Wahrheit oder ein Geheimnis verbirgt.
Wie die wenigen Gedichte, die ein lokalisierbares oder identifizierbares Stück Welt nennen (»Mapesbury Road« oder ein anderes, das an einen »maltesischen Juden« erinnert), verraten auch die mit politischen Anspielungen, daß eine produktive Auseinandersetzung mit der (äußeren) Wirklichkeit nicht mehr gelingt. ». . . ein Saugarm holt sich / den Jutesack voller / Beschlußmurmeln aus /

dem ZK« –: die hier peinliche metaphorische Sprache leistet überhaupt nichts, obwohl sie mit dem hohen Anspruch einer Kritik an der geschichtlich-politischen Welt auftritt. Aber Kritik an dieser Welt kann sich nicht durch Sprache allein ausweisen, am wenigsten durch eine Sprache, in die nichts mehr eingeht von den Kräften, die die geschichtlich-politische Welt bewegen; die sich von allem losgesagt und entfernt hat, was »draußen« vor sich geht. Ebenso in einem Gedicht, das dem Sohn Eric gewidmet ist und mit den Versen beginnt: »In der Flüstertüte / buddelt Geschichte, / in den Vororten raupen die Tanks.« Die Ferne zur politischen Welt, ablesbar an den Wörtern »Flüstertüte« und »buddelt«, die als solche schon denunzieren sollen, was erst durch die – nicht vorhandene – Kraft und kritische Energie des Gedichts denunziert werden könnte: diese Ferne ist nicht zu verwechseln mit jener Distanz, aus der ein produktives und richtendes Wort über diese Welt gesprochen werden kann. Es ist die Ferne der Ohnmacht eines Menschen, der, obwohl ganz in sich versponnen, dennoch ein Richter der Zeit sein möchte. In solchem Scheitern wird offenbar, wie weit sich die Sprache und das Gedicht Celans von dem entfernt haben, was wir Wirklichkeit nennen und womit wir, wenn auch nur mühsam uns verständigend, handelnd und redend umgehen.

Unnötig fast zu sagen, daß auch in diesem letzten Gedichtband Verse sich finden, welche die schmale und gefährdete Position des Dichters, der mit »Wortschatten« sich der anderen Schatten zu erwehren versuchte, wahr dem Leser vorstellen. Manches ist wie aus einem Jenseits gesprochen und scheint von dort zurückzukehren, damit es uns an die Triumphe und an das Scheitern der Lyrik Paul Celans erinnere: »DIE NACHZUSTOTTERNDE WELT, / bei der ich zu Gast / gewesen sein werde, ein Name, / herabgeschwitzt von der Mauer, / an der eine Wunde hochleckt.« [1971]

Brennesselbusch.
Die gebrannten Kinder
warten hinter den Kellerfenstern.
Die Eltern sind fortgegangen,
sagten, sie kämen bald.

Erst kam der Wolf,
der die Semmeln brachte,
die Hyäne borgte sich den Spaten aus,
der Skorpion das Fernsehprogramm.

Ohne Flammen
brennt draußen der Brennesselbusch.
Lange
bleiben die Eltern aus.

»Brüder Grimm« steht über diesen Strophen, die dem neuen Gedichtband »Zu den Akten« von Günter Eich entnommen sind, und dieser Titel mag einen Augenblick überraschen. Bald jedoch ist zu erkennen, daß er nicht nur berechtigt ist, weil Tiere des Märchens wie etwa der Wolf mit gleichsam tänzerischer Bewegung aus dem Arsenal der Brüder Grimm in die zweite Strophe des Gedichts hinübertreten: das Gedicht insgesamt ruft die Schrecken der Kindheit auf, welche das Märchen so oft widerspiegelt.

Beschwörung solcher Art kann nur gelingen, wenn die Welt selber wieder als Ort des Schreckens, des Unheimlichen im Gedicht verifiziert wird. Daß Günter Eich dieses nicht Geheure der Welt so sehr in dem Wort »Brennesselbusch« versammeln und zum Sprechen bringen konnte, wird jeder bewundern, der von der – vom Schriftsteller in Macht zu verwandelnden – Ohnmacht der Sprache eine Ahnung hat.

Im Gedicht Günter Eichs glückt diese magische Verwandlung sofort; das Wort allein genügt, damit die »Sache« auf emphatische Weise da ist im Gedicht und auch deren Bewandtnis: daß nämlich das freundliche Grün der Brennessel vor den Kellerfenstern bei der Berührung brennt, daß der Schein trügt und man somit in der Welt nicht weiß, woran man ist.

So warten die Kinder ängstlich auf die Rückkehr der Eltern, die von den Kindern als ungewiß empfunden wird. Diese Ungewißheit und das Sich-Ängstigen schlägt sich in dem Konjunktiv »kämen« (die Eltern »sagten, sie kämen bald«) nieder. Man wird es kalkulierte Zauberei nennen dürfen, daß der Umlaut dieses Konjunktivs plötzlich instand gesetzt wird, das Gefühl der Kinder auszudrücken; und fast als notwendig mutet es an, daß der böse Umlaut bald drauf wiederkehrt in der unheimlichen »Hyäne«, die zusammen mit Wolf und Skorpion die Ängste der Kinder zu bestätigen scheint.

Der in dem Wort »kämen« enthaltenen Ungewißheit entsteigen die nicht geheuren Tiere als märchenhafte Verkörperungen der Angst, Ausgeburten des ängstlichen Wartens, dessen Ende nicht abzusehen ist. Daß sie, jetzt noch, nichts Böses im Schilde führen, mag dem Versprechen der Eltern und der Hoffnung auf ihre baldige Rückkehr zu danken sein: Zuversicht, die freilich bereits erschüttert ist, läßt das Schreckliche der Zukunft noch nicht ganz wirklich werden.

Auf inständige Weise gegenwärtig, zu Anfang und Ende des Gedichts, ist der Brennesselbusch, dessen Wesen nun in der letzten Strophe genauer gefaßt wird: sein Brennen »ohne Flammen« dauert an, und diese Dauer vermittelt den Kindern – und dem Leser – dieses Gedichts die gesteigerte Erfahrung der Zeit. So bekommt, wie im »Mnemosyne«-Fragment Hölderlins (». . . Lang ist / Die Zeit, es ereignet sich aber / Das Wahre«), das Wort »lang« einen ehernen, endlos nachhallenden Klang: »Lange / bleiben die Eltern aus.« Und kein unbedeutender Zufall ist es, daß der Vokal des Wortes »Flammen« in diesem »lange« wiederkehrt; denn diese Wiederholung des Vokals evoziert die bange Ahnung, es möchten die Eltern so lange ausbleiben, solange draußen, vor den Kellerfenstern, der flammenlose Brennesselbusch brennt.

Die Zeitstruktur des eben angeleuchteten und einfach scheinenden Gedichts ist also recht kompliziert. Vergangenheit ragt mit dem erinnerten Versprechen der Eltern in die Gegenwart herein; eine noch tiefere Vergangenheit ist in den Strophen gegenwärtig, insofern diese überhaupt sich der Erinnerung an die Ängste der Kindheit und in eins damit der nicht geheuren Märchenwelt verdanken. Gegenwart ist das Warten der Kinder inmitten einer bedrohlichen Welt; Zukunft wird entworfen im ängstlichen

Warten und weil jetzt bereits, mit Wolf, Hyäne und Skorpion, das Schreckliche der Zukunft sich ankündigt.
Sehr wahrscheinlich gewinnen die Dinge im Gedicht Günter Eichs dank dieser zeitlichen Struktur ihre merkwürdige Intensität, ihre gesättigte Gegenwart. Ohne Hilfe eines Beiworts, durch bloßes Nennen – allerdings innerhalb einer raffiniert durchstrukturierten Situation – wird der Brennesselbusch auf fast beklemmende Weise wirklich. In solcher Beschwörung (das vernutzte Wort mag stehen, wenn es daran erinnert, daß es magisches Aufrufen meint) ist Günter Eich ein Meister.
»Regenwasser / in den Trittspuren der Kühe. / Ratlose Fliegen / nah am November.« Nur ein Ahnungsloser kann glauben, daß in diesen Versen (aus dem 1955 erschienenen Band »Botschaften des Regens«) Sichtbares relativ willkürlich und folgenlos notiert wird. Der Leser mit Organ für diese spezifische Poesie wird betroffen sein von den aufgerufenen Erscheinungen, ihrem intensiven Dasein: betroffen, weil die Menschen nicht sehr viel Wirklichkeit vertragen (»human kind / Cannot bear very much reality« – T. S. Eliot) und hier Wirkliches plötzlich ganz präsent wird. Wobei es nicht darauf ankommt, *was* dieses Wirkliche im einzelnen Falle ist.
Zweifellos hat diese Intensität des Da-seins der Dinge zur Voraussetzung, daß sie nicht, jedenfalls nicht zu früh und nicht endgültig, verstanden werden. So darf es in dem neuen Band einmal heißen: »Laß dieses ohne Zeit / unangetastet / von Verstehen.« Das eilige Verstehen und Deuten verminderte den Schock, nähme dem Wirklichen etwas von seiner Widerständigkeit und Schwere. Zugrunde jedoch liegt dieser inständigen Erfahrung der Dinge das Staunen: daß sie da sind; daß *etwas* ist, und nicht nichts. Dieser Erfahrung verdanken viele Gedichte des Bandes »Botschaften des Regens« die Aura des Glücks, auch wenn in den Gedichten selber nur dessen Abwesenheit festgestellt werden konnte (»und in den Abgründen wohnt verborgen das Glück«). Glücklich war, sozusagen, das Gedicht selbst – und sein Leser –, weil es in unsinnlicher Zeit die Dinge der Welt so glaubwürdig bezeugen konnte; und Glück vermittelte es, weil noch die Einsicht, daß es »nicht gern auf unsern Sesseln« sitzt, die Möglichkeit des Glücks ahnen ließ. An diesem Transzendieren der Gegenwart hatten auch die Dinge teil: sie wurden, auch wenn sie der Autor vor frühem »Verstehen« schützte, als Botschaften

und zu entschlüsselnde Niederschriften erfahren.
In den Gedichten des neuen Bandes »Zu den Akten« scheint gegenüber den früheren der Kreis enger geworden zu sein – ein so vieldimensionales Gedicht wie »Brüder Grimm« ist nicht die Regel. Wohl knüpft sich auch jetzt noch ans Gegenwärtige gelegentlich die Ahnung einer zu vernehmenden Botschaft – »Steinmetzzeichen im Laub, / nur begreiflich dem Schlafe« –; wohl verweist zuweilen das Jetzt und Hier noch auf Künftiges. Nicht selten indessen – oder vielleicht auch relativ selten, aber dann mit merkwürdigem Gewicht – überantwortet das Gedicht das Subjekt einer gleichsam leeren Gegenwart (etwa, in dem Gedicht »Aufgelassenes Zollamt«, in den Versen: »Hier ist der Ort, / wo wir bleiben«).
Auch klingt nun die Weigerung, auf die Offerten der Welt einzugehen, manchmal ausgesprochen verdrossen. Hieß es im vorausgegangenen Gedichtband (»Briefstelle«): »Keins von den Büchern werde ich lesen«; wurde dort, vorausblickend, noch der einsamen Zukunft ein reicher poetischer Ausdruck abgewonnen in den Versen »Mein Alter will ich in der grünen Dämmerung / des Weins verbringen« –, so findet sich in dem neuen Band (»Bericht aus einem Kurort«) die mürrische Feststellung: »Ich habe das Wasser noch nicht getrunken / halte auch nichts davon.« Verdrossenheit breitet sich aus und wird in dem Gedicht »Bestellung« in der herrischen Forderung zusammengefaßt: »Tragt endlich die Speise auf, / die es nicht gibt, / und entkorkt die Wunder!«
Keines Hinweises bedarf es, daß auch in dem neuen Band Arbeiten und Verse sich finden, die vollkommen sind und jene hohe Könnerschaft des Lyrikers Günter Eich bezeugen, welche merkwürdigerweise nicht von allen erkannt wird. Kritisch zu vermerken wäre allenfalls die Tendenz aufs Karge und Lakonische und eine gewisse morose Stimmung, die es zuweilen verhindert, daß das Gedicht noch in der Armut des Lebens den Reichtum aufspürt. Wer die Lyrik dieses Schriftstellers liebt und bewundert, wird ihr einen neuen Flügelschlag wünschen, damit sie die Weite nicht vergißt. [1964]

Günter Eich »Anlässe und Steingärten«

In dem vor zwei Jahren erschienenen Gedichtband »Zu den Akten« hatte es geheißen: »Hier ist der Ort, / wo wir bleiben.« Der Ort des Bleibens war, wie der Titel besagte, ein »aufgelassenes Zollamt«. Das Gedicht Günter Eichs, so konnte damals bemerkt werden, überantwortete hier das Subjekt einer gleichsam leeren Gegenwart, die gleichwohl auf emphatische Weise erfahren wurde: Es wird bleiben, auch wenn niemand kommt und den Schlagbaum hochzieht, bleiben mit dem kleinen Gepäck der erinnerten Vergangenheit, bleiben ohne Zukunftsvision, ohne erkennbare Hoffnung.

Verglichen mit den bereits 1955 veröffentlichten »Botschaften des Regens«, war eine empfindliche Verarmung festzustellen. Eine Reduktion nicht der künstlerischen Kraft, sondern eine Zurücknahme des Poetischen, eine Verminderung der Musikalität, wohl auch des in den neuen Gedichten sich aussprechenden Lebens – eine gewisse lakonische Verdrossenheit war an die Stelle der schwermütigen Erkenntnis von früher getreten, daß das Glück »nicht gern auf unsern Sesseln« sitzt.

Diese Tendenz hat sich in dem neuen Band »Anlässe und Steingärten« eher noch verstärkt. *»Weniger Ziele / und kleiner, / reiskorngroß«* – in diesem »Weniger« betitelten Gedicht wird ein Selbstbekenntnis abgelegt, wird dem irgendwie Aufwendigen abgesagt. Das sieht wie Armut aus, das Wort fällt auch in dem Gedicht *(»Für Armut schon / geeignet und / Zahnlosigkeit«),* und dieser Anschein ist nicht vollkommen falsch. Das Gedicht Günter Eichs – nicht freilich das Gedicht »Weniger«, das meisterhaft ist – ist jetzt manchmal zu karg und trocken, zu sehr zurückgenommen und auch zu stark komprimiert. Keine imaginäre Ferne lockt mehr: *»Keine Lust mehr anzustehen / um die Aufenthaltserlaubnis / für erfundene Länder.«* Die Abwesenheit des Glücks wird nicht mehr festgestellt; auch dies ist vorbei.

Was in dem Band »Zu den Akten« schon befremdete, Wörter oder Bruchstücke von Sätzen (»17 Formeln«), wird weitergeführt, wobei sogar die Numerierung einfach fortgesetzt wird. Da lesen wir etwa: *»Die Flaschenpost abgeheftet«* oder *»Vergessen und vertrunken«* oder *»Baum-*

wollust« – kleine lakonische Spracherfindungen; nur einmal ein veritabler Aphorismus: *»Was ich weiß, geht mich nichts an.«*
Viel ist das nicht gerade, und mit einigem Recht hat seinerzeit die Kritik die »Formeln« des vorausgegangenen Bandes gerügt (nichts leichter als das übrigens). Nachdenklich stimmt jetzt aber doch die Hartnäckigkeit, mit der Günter Eich das etwas spielerische Unternehmen weiter verfolgt, und man fragt nach dem tieferen Sinn. Ob hier – dem Autor selber vielleicht nur halb bewußt – aufgezeigt werden soll, daß noch weiter als in den Gedichten reduziert werden kann? Ob in diesen Formeln bis an jene Grenze vorgeschritten wird, hinter der das reine Schweigen beginnt? Ob mit Hilfe dieser Sprachfragmente dem Leser zu Bewußtsein gebracht werden soll, wie sehr trotz aller Reduktion das Gedicht noch lebt und blüht?
Die Fragen sind aufzuwerfen, aber kaum zu beantworten. Sicher ist nur, daß der Leser des neuen Gedichtbandes für einige Hilfen und Ermunterungen dankbar ist: Die Gedichte erschließen sich nicht leicht, einige von ihnen – oder einige Verse in manchen Gedichten – scheinen sogar intensiver Bemühung zu widerstehen. *»Paris, / das mich an mexikanische / Hüte erinnert«* – eine subjektive Assoziation, die für manche vielleicht sogar noch etwas Einleuchtendes hat. Schwieriger, ja unlösbar scheint die Aufgabe, etwa die zweite Strophe des Gedichts »Air« zu entziffern *(»Gelbe Hände / gegen den Regen gesetzt, Tee gegen die Flugschneise / ein Wort ist länger als zehn«)* oder den künstlerischen Ertrag mancher Verse einzusehen, in denen Disparates aneinandergereiht wird *(»Der Lehrer Bibup aus dem Nachbardorf, / krank sein, / ein Automobil«).*
In Versen wie diesen ist zu viel weggelassen worden, es fehlen gewisse Verbindungslinien, die erst eine »Figur« erkennbar machen könnten. Wobei noch zu erwähnen ist, daß diese – wohl auch von ostasiatischer Kunst und Lyrik inspirierten – Gedichte oder Verse Eichs schwierig sind nicht kraft ihrer Abstraktion, sondern zumeist auf Grund ihrer gedrängten Konkretheit.
Merkwürdig übrigens auch dies: daß der Leser, wenn er sich erst einmal in den neuen Band eingelesen hat, gewisse ausführlichere Aussagen, wie wir sie aus den früheren Bänden kennen, nun plötzlich weniger schätzt. *»Ich habe meine Hoffnung auf Deserteure gesetzt«* –: Gesten dieser

Art beeindrucken nun kaum noch, überzeugen viel weniger als die scheinbar nüchterne Notation dessen, was ist. Was im Grunde beweist, daß der Prozeß fortschreitender Reduktion in der Lyrik Günter Eichs alles andere als willkürlich ist. Hier wird einem objektiven künstlerischen Zwang gehorcht, der Vergleich mit Samuel Beckett scheint nicht abwegig. Und hier wie dort gilt, daß Entwicklungen in dieser Richtung nicht nur von Verlusten, sondern auch von Gewinnen begleitet sind.
Es gibt herrliche Stücke in diesem Band – Gedichte, in denen eine Szenerie suggestiv aufgerufen wird. Beispielsweise das Gedicht »Weitgereist«:

Gleich hinter Vancouver
beginnt der Wald,
beginnt nichts,
beginnt, worüber wir fliegen.

Alles nördlich, wie du es liebst,
ein Salzkorn für die Waldläufer,
lederne Beutel, vielleicht
für Schwarzpulver, Gewürze, Tabak.

Was beginnt, geht sehr weit,
ein Rauch aus dem Böhmerwald,
ein Perspektiv, es gibt
wenig Menschen.

Mit bewunderungswürdiger Sicherheit ist hier jedes Wort placiert, die rhythmische Bewegung dient aufs genaueste der dichterischen Evokation, mit den sparsamsten Mitteln wurde Unvergeßliches geschaffen. Triumphe, sehr leise Triumphe dieser Art gibt es mehrere in dem Band: das bereits erwähnte Gedicht »Weniger«, die Gedichte »Zwei«, »Schulbücher«, »Armer Sonntag«, »Bett hüten« oder »Kythere«. Diese Stücke muß man laut lesen, um zu erkennen, wie sehr Günter Eich fast allen anderen überlegen ist: überlegen wohl nicht zuletzt auch darum, weil der Autor dieser Gedichte auf Illusionen verzichtet, auf Glauben, auf Hoffnungen – das Gedicht scheint die letzte zu sein.
Neu für Günter Eich sind längere, mehrteilige Gedichte. (Was er ausdrücklich »lange Gedichte« nennt, sind Stücke von drei, vier, höchstens sechs Versen: eine ironische Antwort vielleicht auf das Plädoyer Walter Höllerers für das lange Gedicht.) Doch gehören diese mehrteiligen langen

Gedichte kaum zu den geglücktesten des Bandes. Und zwar darum, weil wohl ein kurzes Gedicht von einem Künstler ganz und gar allein »gemacht« werden kann, ein längeres oder gar langes aber allgemeiner Voraussetzungen und Übereinkünfte bedarf.

Neu und bedeutsam scheint mir anderes in diesem Bande zu sein – da und dort etwas schön Verspieltes, ein leichterer Ton, ein freierer Umgang mit der Sprache. »Als die eigentliche Sprache erscheint mir die, in der das Wort und das Ding zusammenfallen«, lautete vor Jahren eine Selbstaussage des Autors. Die Praxis Eichs tendierte dazu, dieser nicht ganz unbedenklichen Theorie zu entsprechen, sowohl im vorletzten wie in dem neuen Band gibt es dafür Beispiele. Das Wort, gerade weil es genau ist, wird dann mit dem ganz konkreten Ding fast identisch, und dies hat im Gedicht zur Folge: es wird so konkret und vereinzelt wie ein Ding und sagt nur mehr sich selber aus, büßt Aura und Transparenz ein *(»Spitalküchen / Kontoauszüge / Wundränder . . .«).* Nun aber beginnt in einigen Gedichten (»Schulbücher«, »Satzzeichen«, »Betthüten«) die Sprache wie im Traume zu tanzen, Wörter schlagen die Augen auf und meinen nicht nur die Dinge, für die sie stehen *(»Silva, / der Wald, und Fingerhut / in den Tälern von Acherloo, / und Windspiele und Wind, / silva, insula, / cui umbram amant . . .«).*

Nicht glücklich ist der Titel »Anlässe und Steingärten« mit seiner harten Verknüpfung von Abstraktem und Konkretem. Was es übrigens mit den »Steingärten« auf sich hat, erfährt der Leser dieses Bandes nicht. Das Wort findet sich im vorausgegangenen, in dem Gedicht »Fußnote zu Rom«, wo es am Ende hieß: *»Zuviel Welt ausgespart. / Keine Möglichkeit / für Steingärten.«* Was immer in diesem Zusammenhang genau gemeint war und was Günter Eich in Rom vermißte – man ist froh, daß er es, wie der Titel vermuten läßt, nicht entbehrt. [1966]

Peter Huchel »Gezählte Tage«

In einem vortrefflichen Aufsatz über Peter Huchel stellte vor einigen Jahren der amerikanische Germanist Ingo Seidler fest, daß dieser Lyriker einschließlich seines zweiten Bandes »Chausseen Chausseen« (1963) insgesamt knapp 120 Gedichte veröffentlicht habe; das ergäbe, wie der Germanist ausgerechnet hat, einen Durchschnitt von drei Gedichten pro Jahr. Eine gewiß kleine Ernte, und sie bleibt klein, auch wenn man die Gedichte des neuen Bandes »Gezählte Tage« dazurechnet; Peter Huchel, der außer diesen drei Gedichtbüchern nur einige Hörspiele (in den dreißiger Jahren) geschrieben hat, wird 70 Jahre alt. Dieser relativ schmale Ertrag eines Lebens wirft Fragen auf. Eine Antwort versuchte ich in meiner Laudatio anläßlich der Verleihung des Fontane-Preises an Peter Huchel (1963), als ich die quantitative Kargheit dieser Lyrik »als Zeichen für ein hochentwickeltes Verantwortungsbewußtsein« deutete: »die Intention auf Genauigkeit und Bündigkeit der künstlerischen Gestalt, der beharrliche Verzicht auf jene Experimente, die spielerisch aus sich selber leben, legten diese Beschränkung auf«. Zur Erklärung wird man aber auch an die Ungunst der Zeiten zu denken haben: an die Jahre nach 1933 – an die »Welt der Wölfe, Welt der Ratten«, wie es in einem Gedicht heißt, an den Krieg (Huchel war ab 1940 Soldat) und an jene Jahre (1949 bis 1962), da Huchel das zeit- und kräfteraubende Amt eines Chefredakteurs von »Sinn und Form« innehatte.

Mit ziemlicher Hartnäckigkeit hat man Huchel das Etikett »Naturlyriker« angeheftet. Eine Charakterisierung, die natürlich ganz falsch nicht ist, nur daß der Begriff Naturlyriker im Laufe der Jahre zum Klischee geworden ist – vorausgesetzt, daß er es nicht schon von Anfang an war – und erst wieder mit Sinn gefüllt werden muß. Fraglos spielt in den frühen Gedichten und auch noch in denen des Bands »Gezählte Tage« die Natur eine alles beherrschende Rolle: was das Gedicht Huchels zu sagen hat, sagt es an Hand der Natur; deren Dinge und Zeichen stehen im Zentrum seiner Lyrik. So war das Gedicht Huchels von Anfang an dicht und konkret wie die ländlich-bäuerliche Welt selber, wie die brandenburgische Heimat mit

ihren Äckern und Wiesen, Wasser und Schilf, den Mähern, die müde im Grummet ruhn, der Magd, die dem Kind »das Brot brockt und den Apfel schabt«. Die Menschen dieser Gedichte, landarmes Proletariat zumeist, lebten distanzlos in dieser Welt, was in der Lyrik Huchels, da sie sich ganz dieser Welt und ihren Menschen zu überantworten schien, jenen epigonalen Lyrismus nicht aufkommen ließ, der wesentlich von der Distanz zum Konkreten lebt. Substantiell wie die Erde, die es rühmte, war auch das Gedicht Huchels, es war gleichsam selber aus Erde gemacht. Eben darum hat es sich immer geweigert, den großen Städten und dem Apparat der modernen Zivilisation Einlaß zu gewähren: es hätte deren andere Substanz nicht nachbilden können.
Nichts aufschlußreicher in dieser Hinsicht als die Tatsache, daß Peter Huchel, den ein starker Sinn für soziale Gerechtigkeit und Abscheu vor dem Faschismus auszeichnet, noch seine politische Aussage weitgehend mit Hilfe der Natur artikuliert, Politisches in Natur übersetzt. »Horch, es rascheln Totenkronen, / Nebel ziehen und Dämonen« lauten die letzten Verse des 1933 geschriebenen Gedichts »Späte Zeit«; auch eine Strophe aus dem fünf Jahre später entstandenen Gedicht »Zwölf Nächte« transponiert das politische Unheil auf ähnliche Weise:

Du findest nur den Schmerz der Zeit,
die Erde feucht von Blut.
und unterm Schutt, zum Biß bereit,
der Schlangen nackte Brut.

Wofür in dem einen Gedicht die ziehenden Nebel stehen, in dem andern das Schlangengezücht, ist nicht zu verkennen. Falsch aber wäre es, hier von Allegorie zu reden. Eher dürfte man sagen, daß Huchel kraft seiner innigen Verbindung mit der Natur in ihr aufspüren und lesen konnte, was die Zeit an Fatalem barg und noch zeitigen würde. Natur war und ist für Huchel also nicht nur Heimat, die er im Gedicht feiert (»Schön ist die Heimat, / wenn über der grünen Messingscheibe / des Teichs der Kranich schreit ...«), nicht ein Bereich neben anderen, sondern das Ganze. Aus diesem Grunde war das Gedicht Huchels, wie ich es seinerzeit formulierte, »immer gefeit gegen den faschistischen Stumpfsinn von Blut und Scholle«.
Diese – weit ins Dunkle hinabreichende – Bindung Hu-

chels an die Natur, ans Irdische hat sich über die Jahre und Jahrzehnte erhalten; in dem Band »Chausseen Chausseen« sind zu der Landschaft der Mark nur noch südliche und östliche Szenerien hinzugekommen. Und wie früher werden auch in dem neuen Band »Gezählte Tage« die – im ganzen spärlichen – politischen Bekenntnisse im Medium der Natur gemacht. »Willkommen sind Gäste, / die Unkraut lieben« heißt es in einem Gedicht, und wer die Sprache dieser Lyrik zu lesen versteht, weiß, was gemeint ist: das Unkraut, für das in einem anderen Gedicht der Wegerich steht, wird als »Widerpart geharkter Ordnung« gesehen, als nutzloses Grün, das dem vorgeschriebenen Reglement widerspricht. Eine zwar verschlüsselte, aber jedem Kundigen lesbare Absage an die Funktionäre und insofern direkt an den Offenen Brief Huchels aus dem Jahre 1953 erinnernd, in welchem er dafür plädierte, daß es für den schöpferischen Menschen »mehr als einen Weg« geben müsse und er sich gegen die »angemaßte Unfehlbarkeit« ostdeutscher Literaturfunktionäre aussprach. In einem anderen Gedicht mit dem sprechenden Titel »Exil« wird die eigene Situation – eines »Verfemten, / der hinter der Mauer lebt« – noch deutlicher; aber auch hier ist es wieder die Natur, sind es Wasser, Schatten und Steine, die dem Dichter die Lage erhellen:

Am Abend nahen die Freunde,
die Schatten der Hügel.
Sie treten langsam über die Schwelle,
verdunkeln das Salz,
verdunkeln das Brot
und führen Gespräche mit meinem Schweigen.

Draußen im Ahorn
regt sich der Wind:
Meine Schwester, das Regenwasser
in kalkiger Mulde,
gefangen
blickt sie den Wolken nach.

Geh mit dem Wind,
sagen die Schatten.
Der Sommer legt dir
die eiserne Sichel aufs Herz.
Geh fort, bevor im Ahornblatt
das Stigma des Herbstes brennt.

Sei getreu, sagt der Stein.
Die dämmernde Frühe
hebt an, wo Licht und Laub
ineinander wohnen
und das Gesicht
in einer Flamme vergeht.

Fortgehen oder bleiben, diese uralte menschliche Alternative, die in diesem herrlichen Gedicht überdies politischen Akzent trägt, wird hier ganz zur Anschauung gebracht. Das Gedicht ist relativ einfach und trotzdem vielschichtig, und wieder ist zu bewundern, wie meisterhaft Huchel den Menschen und sein Geschick dem Naturzusammenhang integriert. Unverhüllter politisch und, was im Gedicht Huchels alles in allem selten ist, polemisch und anklägerisch ist das Gedicht »Das Gericht«, das wohlbedacht an den Schluß des Bandes »Gezählte Tage« gesetzt wurde und mit den Versen beginnt: »Nicht dafür geboren, / unter den Fittichen der Gewalt zu leben.« Offen verurteilt Peter Huchel hier ein Regime, das ihn, wie er in einem Interview in der »Zeit« sagte, dazu zwang, »nahezu acht Jahre . . . in meinem Haus in Wilhelmshorst bei Potsdam in vollkommener Isolation« zu leben: ohne Post, ohne Bücher, mit einem Spitzel gegenüber, der die Autonummern der wenigen ihn besuchenden Freunde aufschrieb. Allerdings verwahrt sich Huchel in diesem Interview auch dagegen, als Nicht-Marxist eingestuft zu werden – nur den Vulgär-Marxismus habe er nicht »übernehmen« können.
Von dieser politischen Differenzierung und überhaupt an gesellschaftskritischer Problematik findet sich kaum etwas im Gedicht Peter Huchels, und dafür mag es einleuchtende äußere und auch innere Gründe geben. Was diese betrifft: Huchel ist kein intellektueller Lyriker; sein Element ist nicht die Luft – wie etwa für Krolow –, und sein Gedicht kennt nicht den spirituellen Äther, sondern statt dessen Schneewind und wässrige Nebel, die Hitze des Mittags oder die dämmernde Frühe über märkischen Wiesen. Daß angesichts südlicher Landschaft vom »Geist der Steine« gesprochen, daß die Erde »mein Gedächtnis« genannt wird, daß einmal (in »Chausseen Chausseen«) sogar der Vers sich findet »Nackt und blutig lag die Erde, der Leib des Herrn« –: dies alles ist im höchsten Maße signifikant. Auch kann kein Zweifel daran bestehen, daß eine solche Einstellung dem Autor äußerste Genauigkeit in der

Erfassung und Gestaltung der irdischen Dinge abverlangt. Wunderbar konkret ist immer noch die Welt, die die neuen Gedichte Huchels aufrufen. Daß es gleichwohl späte Gedichte sind – spät, was den Dichter betrifft, und auch weil die Welt älter geworden ist –, macht ein Vergleich mit den Arbeiten aus den zwanziger und dreißiger Jahren deutlich, in die aus der erinnerten Kindheit noch ein dunkleres Rauschen herüberdrang, das nun kaum vernehmbar ist.

Und geltend macht sich natürlich auch, daß die beschreibbaren und aufrufbaren irdischen Dinge, auf die das Gedicht Peter Huchels nach wie vor wesentlich angewiesen ist, in einer immer abstrakter werdenden technischen Welt nun weniger bedeuten und die Auslegung des Daseins im Horizont der Natur ein immer einsameres Unternehmen wird. Das mag man ein Verhängnis nennen, und es ist ziemlich sicher, daß der Autor dieser Gedichte es so sieht. Aber das Verhängnis scheint unaufhaltsam, auch Peter Huchel kann sich dieser Einsicht nicht verschließen, wie schon früher die wunderbaren Verse des Gedichts »Der Garten des Theophrast« (»Chausseen Chausseen«) bezeugten:

Ein Ölbaum spaltet das mürbe Gemäuer
Und ist noch Stimme im heißen Staub.
Sie gaben Befehl, die Wurzel zu roden.
Es sinkt dein Licht, schutzloses Laub.

Verschwistert den sichtbaren und einst vom Menschen erfahrenen Dingen der Natur, steht auch das Gedicht Peter Huchels im sinkenden Licht dieser Welt: schutzlos und gefährdet und nur noch gehalten von jener langen und ehrenvollen Geduld, die diesen Lyriker ausgezeichnet und die er mit der Natur gemeinsam hat. [1972]

Bibliographie

Jean Améry »Unmeisterliche Wanderjahre«
Stuttgart 1971

Walter Benjamin »Briefe«
herausgegeben und mit Anmerkungen versehen von Gershom Scholem und Theodor W. Adorno, Frankfurt 1967

Elias Canetti »Die Stimmen von Marrakesch«
Aufzeichnungen nach einer Reise, München 1967

Paul Celan »Atemwende«
Gedichte, Frankfurt 1967
»Schneepart«, Gedichte, Frankfurt 1971

Günter Eich »Zu den Akten«
Gedichte, Frankfurt 1964
»Anlässe und Steingärten«
Gedichte, Frankfurt 1966

Max Frisch »Tagebuch 1966–1971«
Frankfurt 1972

André Gide »Tagebuch 1939–1949«
aus dem Französischen von Maria Schaefer-Rümelin und Gisela Schlientz, Stuttgart 1967

Witold Gombrowicz »Die Tagebücher 1953–1969«
Bd 1–3, aus dem Polnischen von Walter Tiel, Pfullingen 1970

Peter Huchel »Gezählte Tage«
Gedichte, Frankfurt 1972

Eugène Ionesco »Heute und gestern, gestern und heute«
Tagebuch aus dem Französischen von Lore Kornell, Neuwied 1969

James Joyce »Briefe I und II«
herausgegeben von Richard Ellmann, aus dem Englischen von Kurt Heinrich Hansen Frankfurt 1969 und 1970

Franz Kafka »Briefe an Felice und andere Korrespondenz aus der Verlobungszeit«
herausgegeben von Erich Heller und Jürgen Born, mit einer Einleitung von Erich Heller, Frankfurt 1967

Paul Léautaud »Literarisches Tagebuch 1893 bis 1956«
herausgegeben und aus dem Französischen übersetzt von Hanns Grössel, Reinbek 1966

Henry de Montherlant »Geh, spiel mit diesem Staub. Tagebücher 1958–1964«
aus dem Französischen von Karl August Horst, Köln/Berlin 1968

Marcel Proust »Briefe zum Leben«
herausgegeben und aus dem Französischen übersetzt von Uwe Daube, Frankfurt 1969

»Briefe zum Werk«
aus dem Französischen von Wolfgang A. Peters, ausgewählt und herausgegeben von Walter Boehlich, Frankfurt 1964

Reihe Fischer

1 Daniil Charms: *Fälle*. Prosa, Szenen, Dialoge.
Aus dem Russischen, mit einem Nachwort von Peter Urban.

2 Sven Holm: *Termush, Atlantik-Küste*. Roman.
Aus dem Dänischen von Hanns Grössel.

3 Hermann Jandl: *Leute Leute*. Lyrik.

4 Ivan Sviták: *Hajaja-Philosoph*. Parabeln.
Aus dem Tschechischen von Paul Kruntorad.

5 Jürgen Alberts: *Aufstand des Eingemachten*. Prosa.

6 *Beethoven '70*. Aufsätze. Mit Beiträgen von Adorno, Kagel, Metzger, Pauli, Schnebel, Wildberger.

7 Max Horkheimer: *Vernunft und Selbsterhaltung*. Essay.

8 Dieter Schlesak: *Visa. Ost-West-Lektionen*. Essays.

9 Burt Blechmann: *Achtung 901*. Prosa.
Aus dem Amerikanischen von Traut Felgentreff.

10 Karl-Hermann Flach: *Noch eine Chance für die Liberalen*.
Oder: Die Zukunft der Freiheit. Eine Streitschrift.

11 Peter Henisch: *Hamlet bleibt*. Prosa. Ein Zyklus.

12 Ireneusz Iredyński: *Versteckt in der Sonne*. Roman.
Aus dem Polnischen von Janusz von Pilecki.

13 Lutz Lehmann: *Klagen über Lehrer F. und andere Schul-Beispiele von autoritärer Tradition.*

14 Eugen Mahler: *Psychische Konflikte und Hochschulstruktur*.
Gruppenprotokolle.

15 Hermann Jandl: *Vom frommen Ende*. Prosa.

16 Hansjörg Pauli: *Für wen komponieren Sie eigentlich?*
Interviews mit Ferrari, Henze, Kagel, Nono, Schnebel, Wildberger.

17 Charlotte Rothweiler: *Ein sozialer Rechtsstaat?*
Steuern, Wirtschafts-Kriminalität, Bodenspekulation, Mieten.

18 Alfred Schmidt: *Bester jagt Spengler*. Prosa.

19 *Wallfahrtsstätten der Nation*. Nationaldenkmäler.

O. K. Werckmeister: *Ende der Ästhetik.* Essays.

Antonio Gramsci: *Briefe aus dem Kerker.*
Herausgegeben und aus dem Italienischen übertragen von Gerhard Roth.

22 Kurt Jürgen Huch: *Einübung in die Klassengesellschaft.*
Über den Zusammenhang von Sozialstruktur und Sozialisation.

23 Jakov Lind: *Israel. Rückkehr für 28 Tage.*
Aus dem Englischen von E. Tranger.

24 Dragoslav Mihailović: *Als die Kürbisse blühten.* Erzählung.
Aus dem Serbischen von Peter Urban.

25 Tomaž Šalamun: *Ein Stengel Petersilie im Smoking.* Gedichte.
Aus dem Slovenischen von Peter Urban.

26 Gerhard Zwerenz: *Der plebejische Intellektuelle.* Essays.

27 Inger Christensen: *Azorno.* Roman.
Aus dem Dänischen von Hanns Grössel.

28 Hermann Glaser: *Das öffentliche Deutsch.*

29 Peter Henisch: *Vom Baronkarl.* Peripheriegeschichten und andere Prosa.

30 Reiner Kunze: *Zimmerlautstärke.* Gedichte.

31 Wolfgang Plat: *Die Familie in der DDR.*

32 Conrad Taler: *Rechts wo die Mitte ist.*
Der neue Nationalismus in der Bundesrepublik.

33 Isaac Deutscher: *Lenins Kindheit.*
Aus dem Englischen von Christiane Trabant-Rommel.

34 Sigm. Freud – E. Weiss: *Briefe zur psychoanalytischen Praxis.*

35 Lucien Goldmann: *Kultur in der Mediengesellschaft.*
Aus dem Französischen von Linde Birk.

36 Rudolf Hartung: *Kritische Dialoge.* Literaturkritik.

37 Günter Maschke: *Kritik des Guerillero.*

38 Godehard Schramm: *Lokalanzeigen.* Politprosa.

Reihe Fischer